中华优秀传统文化丛书

端午节

李楠楠 ⊙ 编著

吉林出版集团股份有限公司

前　言

中国文化历时远久，累积了千百代人的智慧，是人类文明的宝贵遗产。时间与智慧让文化浑厚且深邃，缤纷多彩，包罗万有。文化为人类所创造，同时也推动人类的演进。中国文化是中华民族生生不息、团结奋进的不竭动力，是凝聚人民力量、培育民族精神的基础。

中国位于太平洋与帕米尔高原之间，独特的地域环境使中国文化早期的发展很少与外界文化发生关系，成为世界上少有的原生性文化。这种文化绵延不断，丰富而又深刻，并成为支撑中华文明的坚强支柱。

中华民族创造了丰富的物质文化和精神文化，物质文化是一种外部现实，精神文化也同样是一种现实，它是自由的思维空间，横无际涯，这个空间让我们感受中国文化之美，体验中国文化之崇高。博大的中国文化传统之下，涵盖着无数的文化个体，正是这些个体给了中国文化以实际内容。不同的个体在纷杂的历史条件下产生，辐射出璀璨的光华。

灿若群星的传统文化个体，也不尽然就是一个个体，更多的时候它是一个体系，一个多元的组合。每个文化个体个性迥异但又同在一个更大的文化体系之内，和谐而又体现着中国文化的精髓。

经济的全球化，对文化产生了深刻的影响，但这种影响不应该导致民族特色文化的消亡，各种文化相互交融后的结果应该是千姿百态，应该是异彩纷呈。一个胸襟宽广的民族更需要的是智慧和远见，保护和传承文化是我们的责任，它关系到民族的兴衰和存续。作为炎黄子孙应该对民族的优秀传统文化存一种尊重敬畏之心，保护它的多样性，寻求与不同文化的共处、交融与繁荣。

随着经济的全球化，我们要欢迎更广泛的文化交往，积极吸收人类文明的成果，丰富自己。中华文明应该主动地走向世界，世界对我们了解得很少且肤浅，我们也有责任让世界认知中国文化的真相。

基于加强中国优秀传统文化保护与推广的目的，我们选取了春节、元宵节、清明节、端午节、中秋节、重阳节、腊八节、冬至节、祭灶节、京剧、评剧、豫剧、越剧、黄梅戏、木偶戏、舞龙舞狮、秧歌、庙会、武术、杂技等二十个优秀传统文化现象，一一介绍，力求表现各种文化现象的精髓，展现这些经过成百上千年选择与沉淀下来的中国文化的内容与形式。这二十个文化现象，有关民俗文化的占较大比重，而中国古代的民俗活动往往掺杂了许多迷信的成分，但要原汁原味地表现这些文化，不可避免地要提到，所以我们在了解这些文化的同时也要树立我们自己的正确的价值观，为提升我们民族文化的整体水平和民族整体的文化素养作出贡献。

中国文化的人文精神、崇德尚群、中和之境、整体思维、慎终追远的文化特质在它们中均有体现。这些文化特质既包含着自强不息的进取精神，更包含着尊重传统、鉴往察来的历史智慧。我们愿意将这些优秀的文化特质呈现给广大读者，更希望通过它让世界对中国有深层次的了解和认识，推动中国优秀传统文化走向另一个顶峰。

编者

2013年1月7日

目录

端午节的由来 8
端午节的名称 10
端午节的地位 12
端午节的核心内容 14
端午日邪气之说 16
战国时期的端午习俗 18
汉代的端午习俗 20
端午节的确定 22
登高望远 24
游水 26
采百药 28
斗百草 30
兰汤沐浴 32
艾蒿和菖蒲 34
挂葫芦 36

五毒符、五毒衣	38
画面	40
五彩丝	42
佩香囊	44
健人	46
豆娘	48
粽子	50
粽子的演变	52
吃粽子的传说	54
中国各地名粽	56
粽子的国际影响	58
吃五黄	60
饮雄黄酒	62
破火眼	64
饮菖蒲酒与朱砂醋	66

端午节祭祖	68
祭神和贴挂神像	70
送瘟神	72
亲友馈赠礼物	74
端午节与扇子	76
妇女归宁	78
端午雨	80
古代的君臣礼仪	82
龙舟竞渡	84
龙舟竞渡的演变	86
迎鬼船	88
屈原与端午节	90
秭归三端午	92
勾践与端午节	94
介子推与端午节	96

伍子胥与端午节	98
曹娥与端午节	100
龙图腾说与端午节	102
端午节与夏至	104
射柳	106
端午节禁忌	108
小说中的端午节	110
诗歌中的端午节	112
端午节名谚	114
中国各地的端午节	116
少数民族的端午节	118
端午节的国际影响	120
朝鲜和韩国的端午节	122
日本的端午节	124
端午节保护	126

端午节的由来

每年的农历五月初五，是中国的传统节日端午节。端午节又称端阳节、午日节、五月节等，是中国汉族人民纪念屈原的传统节日，更有吃粽子，赛龙舟，挂菖蒲、蒿草、艾叶，熏苍术、白芷，喝雄黄酒的习俗。

端午处在仲夏之月，恰遇季节即将发生重大变化之时。为了顺应大自然时序的变化，人们采草药、使用菖蒲和艾蒿、出游、缠五色线、吃粽子、赛龙舟。这些民俗行为所包含的主题思想是消除引发疾病的神秘邪气，也有人认为端午节是对屈原、伍子胥、曹娥等古代圣贤的纪念。直到今天，端午节依然是中国广泛存在的四大传统节日之一。同时，端午节还流传到邻近的韩国、朝鲜、日本、越南、马来西亚等国家，成为一个具有国际影响力的重要节日。而在中国的湖北、湖南、贵州、四川一带，端午节又分为大端午与小端午。小端午为每年农历五月初五，大端午为每年农历五月十五。

仲夏

古代汉语中，用孟、仲、季分别指代第一、第二和第三，仲就是第二的意思，而仲夏就是指夏天的第二个月。一般来说，仲夏是指农历五月份。

端午节的由来

端午节赛龙舟

四大传统节日

春节，阴历腊月二十三过小年开始，经过除夕、春节，直到元宵节结束。清明节，阴历三月间，即阳历四月五日前后。端午节，阴历五月初五。中秋节，阴历八月十五。

大端午与小端午

小端午是农历五月初五，家家会包粽子、煮鸡蛋，形同过小年。大端午是农历五月十五，每家每户不仅会包粽子、煮鸡蛋，还会准备自酿的米酒，门上插上艾叶，一般单位还会组织划龙船比赛。

端午节

端午节的名称

端午节民俗饰品

　　端午节的名称还有许多，是中国所有传统节日中叫法最多的，如端阳节、重五节、重午节、天中节、夏节、五月节、菖节、蒲节、龙舟节、浴兰节、屈原日、午日节、女儿节、地腊节、灯节、太阳节等。

　　端午节另一个比较普遍的称呼是"重午"，意思是午月午日。午，属十二地支，农历五月为午月，五、午同音，五五相重，故端午节又名"重午节"或"重五节"，有些地方也叫"五月节"。端午节又称为天中节，因为这个时节的精确时刻是午月午日午时，太阳正在中天。太阳的威力走到午的方位才登峰造极，表示这个时刻正是日在中天，阳气达到极点。端午节也叫端

端午节的名称

阳节，端阳的意思是太阳正处于极盛状态，意思与"天中"接近。端午时值仲夏，是皮肤病多发季节。古人以兰草汤沐浴去污为俗，因此端午节又被称作浴兰节。端午节还称为"蒲节"，因为五月菖蒲成熟，而端午节又有在门口悬挂菖蒲或用菖蒲泡酒饮用的习俗，"蒲节"也因此得名。

端午

"端午"的"端"字有"初始"的意思，因此"端五"就是"初五"。而按照历法，五月正是"午"月，因此"端五"也就渐渐演变成了现在的"端午"。

太阳节

端午节被称为太阳节。中国还有一个是月亮的节日，就是中秋。端午节是在中午过，中秋是在晚上过，所以端午是太阳的节日。

五月节

在东汉以前，端午节一般直接写作五月五日。而到了战国就写作"仲夏午日"。

端午节的地位

　　端午节是中国一个十分古老的节日，它的起源可以一直上溯到先秦时代,至今已有2000多年的历史。同时，端午节也是中国传统节日中，别名最多的节日，堪称节日别名之最。几千年来，经过一代代的演变和传承，很多传统的习俗一直保留至今，比如吃粽子、赛龙舟等。直到今天，它仍然是一个十分盛行的隆重节日。在中国社会的节日生活中，端午节占有重要地位。自2008年开始，国家发布政令，把部分传统节日放到国家法定节日体系中来，端午节就是规定中的一个，被正式列入国家法定节假日。

　　中国非常重视非物质文化遗产的保护，2006年5月20日，经国务院批准端午节被列入第一批国家级《非物质文化遗产名

端午节上的粽子

端午节的地位

录》。2009年9月30日，在阿联酋首都阿布扎比召开的联合国教科文组织保护非物质文化遗产政府间委员会会议决定：中国端午节成功入选《世界人类非物质文化遗产代表作名录》。

先秦

先秦是中国历史学名词，指秦朝以前的历史时代，起自远古人类产生时期，至公元前221年，秦始皇灭六国为止。

赛龙舟

赛龙舟是端午节的一项重要活动，在我国南方很流行，它最早是古越族人祭水神或龙神的一种祭祀活动，其起源可追溯至原始社会末期。现已被列入国家级非物质文化遗产名录。

联合国教科文组织

联合国教科文组织于1946年成立，总部设在法国巴黎。其宗旨是促进教育、科学及文化方面的国际合作，以利于各国人民之间的相互了解，维护世界和平。

端午节

端午节的核心内容

中国地大物博，民族众多，但是端午节在各地却有着很多相同的节日风俗，比如大部分地区都有使用菖蒲、艾蒿的习俗。人们一直相信菖蒲、艾蒿具有驱邪和药用的双重价值，因而出现许多利用菖蒲、艾蒿辟邪保健的习俗。而且，不论南方北方，都流行在端午节时系五色线，用以驱邪辟凶。用艾虎或道教符图也是民间普遍流行的驱邪方法。

在端午节，人们还习惯饮用药酒，如蒲酒和雄黄酒，都是为了驱邪保健。吃粽子实际也是趋吉避凶的。出门游玩，这在上古时代也是为了回避邪气。

风靡海内外的划龙舟（赛龙舟）其实也和驱邪有关。虽然有传说称龙舟竞渡是纪念屈原的活动，但是在很多民众心目中龙舟竞渡的真正目的是"送瘟神"。

在端午节这天，亲友之间会互相赠送礼物，本来可能是因为节日的关系，用以当做相互问候的礼仪，事实上却是因为端

五彩线

端午节的核心内容

午节这天是个不祥的日子,所有亲友之间在危难之时互赠礼物,表达关心。这些通行的节日习俗的共同点都是以辟邪、辟瘟、保健为目的,因此辟邪就是端午节的核心。端午节的原始本质就在于此。

巫术

巫术就是古代盛行的一种通过一定的仪式表演,利用和操纵某种超人的力量来影响人类生活或自然界的事件,以达到一定的目的。

道教符图

一般地说,"符"指的是用朱笔或墨笔所画的一种点线合用、字图相兼的神秘形象,道门中人声称它具备驱使鬼神、治病等众多功能。

瘟神

瘟神是中国古代民间信奉的司瘟疫之神,是传说中能散播瘟疫的恶神。瘟神也比喻作恶多端、面目可憎的人或邪恶势力。

端午节

端午日邪气之说

菖蒲

现在被当成"佳节"的端午节,最早是作为"恶日"来过的,从唐代开始,人们才逐渐把端午节当成佳节良辰来看待。

在先秦时代,普遍认为五月是个毒月,五日是恶日。相传这天邪佞当道,五毒并出。因此,当时为了躲避"恶日",人们一定要在五月禁欲、斋戒。

端午日与夏至日临近,这一时期,阳气最盛,各种蚊虫出现,而且五月与五日两"五"相逢即为"重五",五是阳数,"重五"也就有了"极阳"之意。中国传统文化讲究阴阳和谐,对于这种阳气极盛的日子一般认为是不吉利的,会导致病疫泛滥,于是形成了"躲午(五)"的习俗,后来就演变成为"端午"了。

端午的很多习俗都是围绕祛邪避邪展开的,比如喝雄黄酒,人们认为雄黄可以克制蛇、蝎等百虫，于是用雄黄酒来解毒、杀虫；挂菖蒲，因为菖蒲叶子像剑，有祛邪之意；给孩子系五色丝绳，戴祛五毒的兜肚，缝制有香料的荷包等。据考证，赛龙舟最早也与祛邪有关，人们通过一种仪式把邪气放在龙舟上，开展摆渡竞赛，看谁划得快，划得远，就说明谁把邪气送得快、送得远。

阳气

先秦时代的人们相信阴阳二气的和谐是宇宙正常运行的基本保证。阳气是充满阳光的、温暖的、有生机的，属于热性的，是生命力的象征。

邪

古人所说的"邪"，一个是指人们迷信地认为人间的灾祸都是由一些瘟神、恶魔所掌握；另一个是指疾病。

五毒

民间传说中的五种动物，分别是蛇、蜈蚣、蝎子、壁虎、蟾蜍，也有一种说法为蝎、蛇、蜂、蜮、蜈蚣。民间认为农历五月是五毒出没之时，此时驱五毒的用意是提醒人们要防害、防病。

端午节

战国时期的端午习俗

据资料考证，端午节起源于先秦时代，根据五月是"恶月"的观念，战国时代产生了一些相应的特殊时令习俗。

一种习俗认为五月出生的婴儿长大后"将不利于父母"，必须及早抛弃。虽然这样的说法没有事实依据，但是，这种迷信思想却一直在民间流传，到汉代仍然存在。

一种习俗认为五月存在不利于身体健康的邪气，需要采集各种药材以驱逐它。这个习俗后来发展成为专门采集这个时候的药材，认为药效最好。

一种习俗是用浸泡了兰草的热水沐浴。兰草在古代被看成是一种能辟邪的植物，在三月上巳节和五月端午节都使用兰草。端午节用兰草沐浴的目的就是要辟邪保健。这个习俗在唐宋以后的端午习俗之中还能看到。

一种习俗是登高游玩。《礼记·月

端午节登山习俗

战国时期的端午习俗

令》中讲到仲夏月的时候说：五月里太阳已经达到极盛，所以不能再在南方用火。为了避免受到阴气伤害，人们要住在高处，或者登山望远。后代端午节中的远游习俗都是由此发展而来的。

上巳节

上巳节是中国汉族古老的传统节日，俗称三月三。这一天，人们把荠菜花铺在灶上以及坐、睡之处，认为可除蚂蚁等虫害；妇女把荠菜花戴在头上，认为可以不犯头痛病，晚上可以睡得特别香甜；人们还登惠山、鸿山、斗山、西高山踏青。

《礼记·月令》

《月令》是战国阴阳家的一篇重要著作，汉初儒家又将它收入《礼记》中，之后成为儒家经典。"月令"是上古一种文章体裁，按照一年12个月的时令，记述政府的祭祀礼仪、职务、法令、禁令，并把它们归纳在五行相生的系统中。

阴气

阴阳的概念，源自我国古代人民的自然观。"阴气"与"阳气"相对，表示消极的、向下的、抑制的、减弱的、重浊的力量。

端午节

汉代的端午习俗

到了汉代,端午节习俗依然沿袭着战国时代的辟邪模式发展,另外,汉代人还创造了一些新的习俗形式。

东汉时,手工业逐渐发达,养蚕纺织业高度发展,而农历五月正是收获蚕丝、开始缫丝织布的季节,于是端午节出现了用五种颜色的蚕丝制作辟邪物的习俗。五彩丝,又叫五色丝。当时人相信用五彩丝缠在胳膊上,可以避免被兵器和鬼怪伤害,还可以避免瘟疫,使人健康长寿。因此,五彩丝后来也叫辟兵缯、长命缕、续命缕。缠五彩丝的习俗一直延续到今天。所以,它是汉代一项重要的文化创造。五彩丝是一种五色丝帛,青、赤、白、黑在外,黄色在中央。将其折叠成方形,缀在胸前,以防止兵器伤害。除了丝织品,还有"五色印",就是用桃木做成的印章,约20厘米长,10厘米见方。桃木在汉代被当成辟邪物品,用来驱鬼。所以,用桃木制作的五色印也是辟邪物品。

在汉代的五月五日,还有一个特殊的官方礼仪,即皇帝命令郡国召集百官,赏赐猫头鹰汤。

缫丝

缫丝是将蚕茧抽出蚕丝的工艺。原始的缫丝方法,是将蚕茧浸在热盆汤中,用手抽丝,卷绕于丝筐上。盆、筐就是原始的缫丝器具。

汉代的端午习俗

五彩丝带

桃木

桃木在中国民间文化和信仰上有极其重要的位置，桃木也被叫做"降龙木"、"鬼怖木"。几千年来，桃木就有镇灾辟邪之说，被称为神木。

赏赐猫头鹰汤

古代，传说猫头鹰吃自己母亲，所以古人认为它是恶鸟。为了消灭它，特意选择端午这个"恶日"把它吃掉。皇帝赏赐猫头鹰汤其实是教育大臣，不要做恶人、奸臣。

端午节

端午节的确定

　　随着东汉王朝的崩溃,中国进入魏晋南北朝时期。在这360多年中,政治上的分裂割据,使得统一的月令体系彻底瓦解,因而产生了以地方性民俗节日文化为特征的民众节日体系。随着民众节日体系的发展,端午节与夏至更加接近。端午节和夏至的节令食物都是粽子,可见二者已经接近融合了。

　　另外,北方游牧民族的入侵,使得中原汉族不断南迁,进入江南地区。地理环境的变化,不同民族文化的融合,来自南方文化的龙舟竞渡习俗被吸收到端午节之中。至此,辟邪保健和龙舟竞渡成为了后世端午节的两大基本主题。此后,端午节的基本模式定型了,没有再出现根本性的演变。

龙舟竞渡

魏晋南北朝时期,依然沿袭着五月为恶月的基本观念,禁忌很多,比如不能晒床席,也不能盖房子。在此基础上,端午节的各项习俗都得到很大发展,内容几乎囊括了后来端午习俗的全部。其中包括端午节的名称,缠五彩丝,采集百药、艾虎,饮菖蒲酒,龙舟竞渡,解释节日习俗的屈原传说等。

夏至

每年的6月21日或22日为夏至日,人们在这天通过祭神以祈求灾消年丰。夏至节气,中国大部分地区气温较高,日照充足,作物生长很快,生理和生态需水均较多。

游牧民族

游牧民族是指具有终年随水草转移,进行游动放牧的一种特有生活方式的人群,牧民们长期无固定住所,过着逐水草而居的生活,基本处于靠天养草和靠天养畜的落后状态。

东汉

东汉又称后汉,是中国古代继西汉和新莽之后的又一个大一统王朝,由光武帝刘秀建立。东汉时期发生了许多影响世界历史的重大事件,如造纸术的发明和佛教的传入等。

端午节

登高望远

重阳登高是中国的传统风俗,而在浙江的建德却流行着端阳登高的风俗,传说与《白蛇传》中的白娘子有关。

有一年春天,建德一带发生了小儿瘟疫,百药难医。白娘子决定与小青冒险上峨眉山盗取灵芝仙草,以拯救建德一带小儿的苦难。她们偷上峨眉山,盗取了仙草,但被警告,只准使用,不得私种,否则违犯天条,必遭大祸。为了防止瘟疫的再次发生,白娘子将仙草的种植方法教给了各地百姓。可是消息最后传到天庭,玉皇大帝知道了,十分震怒,派下天兵天将来捉拿白娘子,将她压在了雷峰塔下。因为白娘子是在端午这天遇难的,因此每年的端午节孩子们都要登上雷峰,到雷峰塔来看望这位救命恩人。久而久之,就形成了端阳登高的风俗。

关于端午节登高的习俗还有另外一种说法,认为是古人为了追求生活方式与自然变化相一致,即为了顺应仲夏月的时序变化,他们或

登高望远

登高望远

登高望远,或乘水临风,目的不在于游玩,而是为了回避邪气,祓除不祥。

《白蛇传》

《白蛇传》描述的是一个修炼成人形的蛇精与人的曲折爱情故事。这个传说广为流传,家喻户晓。其中的船中借伞、白娘子盗灵芝仙草、水漫金山等都是非常经典的情节。

峨眉山

峨眉山是我国四大佛教名山之一,位于中国四川省峨眉山市境内,景区面积154平方千米,最高峰万佛顶海拔3099米。峨眉山地势陡峭,风景秀丽,有"秀甲天下"之美誉。

雷峰塔

雷峰塔又称西关砖塔,是吴越国王钱俶因黄妃得子而建,起初叫"黄妃塔"。因建在西湖南岸夕照山的雷峰上,后人改称"雷峰塔"。

端午节

游　　水

杭州人端午节游西湖，或欣赏荷花，或泊船于柳阴之下饮酒，十分悠闲自在。

北京人虽然没有竞渡习俗，却喜欢竞赛游玩。"南则耍金鱼池，西耍高粱桥，东松林，北满井"。金鱼池、高粱桥、满井都是有池塘或河流的地方，只有松林的位置不详，可能也在水边。到水边饮酒，自在逍遥。人们出行到水边的动机，第一是离家避灾，第二是到水边洗浴以驱邪。

北京附近丰润县有"躲避灾星"的习俗。五月初一，家家用棉布、棉花缝制小狗、小人、小袋子，带在孩子身上。到了初五中午以前，母亲带孩子到水边躲避灾星。回家时，把所有小布

端午节游西湖

游水

狗、小布人、小袋子都扔到水里,认为这些东西随水流去,就可以保证一年无病无灾。

河北省迁安一带有"走百病"的习俗。走百病,顾名思义,就是每到端午节的上午,妇女们要离家,步行到河边游玩,据说这样能够消除各种疾病。

成都妇女在端午节,头上插栀子花,晚上,把栀子花扔进河里冲走,据说这样就可以不生火眼。这里所说的"火眼",就是我们今天所说的红眼病,这是夏季比较容易出现的传染病。

西湖

杭州西湖位于浙江省杭州市的西方,以其秀丽的湖光山色和众多的名胜古迹而闻名中外,是中国著名的旅游胜地,也被誉为"人间天堂"。

栀子花

每年端午节前后,正是栀子花开花的时节,因此,在四川、湖北等地也非常流行端午节时赏栀子花和佩戴栀子花的习俗。

红眼病

红眼病指的是传染性结膜炎,又叫暴发火眼,是一种急性传染性眼炎。红眼病全年均可发生,以春夏季节多见,端午节前后是该病的高发期。

端午节

采 百 药

采集来的艾蒿

  采百药又称"采百草",是汉族的民间节日风俗,流行于全国各地。每逢端午节,人们便在清早纷纷上山,采集各种草药,认为采集的品种越多越好,所以称为"采百药"。这种风俗从夏代开始,人们特意在端午节这一天采集百药有两个目的,一个是医学的目的,一个是辟邪的目的。

  首先是医学目的。古人认为端午采集的药材治病效果最好。在《神农本草经》中,大多以五月初五为采药的时间,而且强调要在午时采药为最好。因为端午时节植物生长茂盛,药性比较强。而且,按照古代阴阳哲学观念,端午是阳气最盛的时刻,因此百草药性也最强。

端午采百药的第二个目的是辟邪。古人依靠药物治疗疾病，而且，他们认为邪气是造成各种疾病的原因。因此，人们便认为药物能够克制邪气。

目前，可以推知的汉代以前端午节所采百药之中，包含用来进行沐浴的兰草。另外，汉代习俗中，蟾蜍也成为端午节药物之一。现代已经没有遍采百药的习俗，比较多的是采艾蒿和菖蒲这两种有香味的药材。

《神农本草经》

《神农本草经》是中国现存最早的药物学专著，成书于东汉。它是秦汉时期众多医学家总结、搜集、整理当时药物学经验成果的专著，是对中国中草药的第一次系统总结。

午时

古代计时法将一天24小时分为十二时辰，以十二地支命名。上午十一点到下午一点为午时，现在泛指中午前后。

蟾蜍

蟾蜍也叫蛤蟆，两栖动物，体表有许多疙瘩，内有毒腺，俗称癞蛤蟆、癞刺。从它身上提取的蟾酥以及蟾衣是中国紧缺的药材。

端午节

斗 百 草

　　斗百草又称斗草,是古代端午节流行的一种游戏。端午节这一天,人们纷纷去郊外踏青,采集各种花草,比赛采到草的多寡、韧性和奇特,或对花草名。斗百草习俗的起源最早可以追溯到周代。古书记载,春秋时期的吴王和西施就已在宫中玩斗百草了。斗百草的游戏之所以受欢迎,最初是因为古俗认为五月为恶月、毒月,必须采集百草来解厄,以渡过难关。到了六朝后期,斗百草逐渐成了一种游戏习俗。唐代以来,斗百草愈渐成为妇女和孩童喜爱的游戏。斗草以后演变出专属妇女的斗花比赛,上至宫廷贵妃,下至乡野村妇都热衷参与。到了宋代,人们除了在端午节斗草之外,在春社及清明也有斗草活动。而到了元代、明代和清代,斗草之风仍兴盛不减。有意思的是,民间男女往往借此机会自由交往,选择心目中的情人。斗百草后来发展成为插花等装饰艺术。如今,五月初五端午节斗百草之俗仍在中国南方很多地区流传。

西施

　　西施本名施夷光,春秋末期出生于中国绍兴诸暨苎萝村。她天生丽质,与王昭君、貂蝉、杨玉环并称为中国古代四大美女,是美的化身和代名词。

斗百草

端午节习俗

春社

　　春社是春季祭祀土地神的日子。最初没有固定的日期，在先秦、汉朝、魏、晋等时期所选日期各不相同。自宋代起，以立春后第五个戊日为社日。

插花

　　插花属于造型艺术的范畴，是根据一定的构思，遵循一定的法则，插成一个优美的造型，借此表达一种主题，传递一种感情和情趣，使人看后赏心悦目，获得精神上的美感和愉悦。

端午节

兰汤沐浴

　　中国人很早就有端午节兰汤沐浴的习惯，不仅是为了清洁，更是为了祛除邪气。在先秦时期，兰汤沐浴是一种仪式，由一位身着汉服的女性端着"兰汤"，人们排好队依次走到主祭面前，主祭用菖蒲草蘸盆里的水，在人的双手、额头、脖颈轻轻拂拭，以示驱除晦气。

　　端午时节沐浴用的兰汤并不是用兰花泡制的，最开始用的是佩兰，在后来的发展中，泡水的药草发生了变化。到北宋时期，出现了用艾蒿、柳树叶、桃树叶和菖蒲制汤的方法。虽然材料不同，但目的都是为了保证不遭受邪气的侵害。明清时期，端午沐浴广泛流传，但各地使用的药草种类繁多，在广东，用艾蒿、菖蒲、凤仙、白玉兰等花草；在湖南、广西等地，则用柏叶、大风根、艾蒿、菖蒲、桃叶等。

　　明万历年间，兰汤沐浴的目的发生了变化，不为避邪气，而是为了避免皮肤病，观念上比以往有所进步。其实，这些习俗的形成

中药材佩兰

兰汤沐浴

是由于夏季天气燥热,人易生病;加上蛇虫繁殖,易咬伤人,所以要十分小心,这才形成了祛病、驱邪的沐浴习俗。

主祭

主祭指主持祭祀的人。祭祀就是按着一定的仪式,向神灵致敬和献礼,以恭敬的动作膜拜它,请它帮助人们达成靠人力难以实现的愿望。

佩兰

佩兰是一种菊科植物,别名鸡骨香、兰、兰草、水香。在我国南北各地广泛分布。以全草入药,具有解热清暑、化湿健胃、止呕的作用。

瘟疫

总的来说,瘟疫是由一些强烈致病性微生物,如细菌、病毒等引起的传染病。一般是自然灾害后,环境卫生不好引起的。

端午节

艾蒿和菖蒲

艾蒿、菖蒲都有药性,古人用来治病,也用来辟邪,有"戴艾叶疗一切鬼气"的说法。在晋代人们已经开始把艾蒿挂在门上。

南北朝时期,人们会在端午日把艾蒿捆扎成一个人的模样,挂在门上。宋代盛行道教,人们把艾人扎成张天师的模样,悬挂在门额上。当时也有用艾蒿编成"虎头"挂在门上或戴在头上来抵挡邪气。古人认为老虎能够吃鬼,因此,艾虎的驱鬼辟邪能力比单独的艾草更强。宋代以后,人们还把菖蒲刻成人的形状来辟邪。到了明清时期,端午节门上插艾,身上佩带艾人、艾虎的习俗遍及全国。杭州、北京流行买些菖蒲、艾蒿,还有石榴、葵花等种在院子里。北京城则流行穿用菖蒲叶编织的鞋。

艾蒿

菖蒲的叶子又直又尖,形状类似宝剑,所以又叫蒲剑。早期的端午节只在门上挂艾蒿,慢慢发展为同时悬挂菖蒲和艾叶,并合称为"蒲剑、艾旗"。

目前,北京、西安、南京、宁波、武汉、广州、太原、昆明等地,都还有一些人家在门上同时插艾蒿和菖蒲,天津则只插艾蒿。

药性

药性指药的性质、气味和功能。药物之所以能够针对病情发挥祛病除邪、恢复脏腑功能的作用,就是因为药物各自所具有的特性使然。

道教

道教是发源于中国古代的传统宗教。道教是一个崇拜诸多神明的宗教形式,主要宗旨是追求得道成仙、救济世人。

张天师

张天师是世袭的正一道领袖。"正一道"是由张陵(张道陵)创立,后世称他"天师"。

端午节

挂 葫 芦

端午节挂葫芦

民俗传统认为葫芦吉祥而避邪气，因此端午节时，民间习惯在门上挂葫芦。

传说，八仙之一的吕洞宾化作卖油郎到一个山村中卖油，油价标明后任人根据所打油的多少而自付油款。于是很多人都多打油，少付款。有一少年也学着别人的样子，多取了油而少付了钱。这位少年回家后将买油的情况向母亲如实禀报，母亲对儿子进行了严厉的批评，并责令儿子去给卖油郎赔礼，把多打的油退回去。吕洞宾深感其诚，便告诉这位少年，五月初一将有大祸降到人间，在门口挂一个葫芦可躲过灾祸。这位心地善良的母亲急忙把这一消息转告邻友，凡是听到消息的家家户户都纷纷在门楣处挂起了葫芦。果然没过几天，一场特大山洪卷走了没有挂葫芦

挂葫芦

的人家，而挂葫芦的人家则安然无恙。从此留下了端午节前几天挂葫芦的习俗。

另外还有一种说法是，在某一年的五月初一，药王爷下凡，见到人间毒虫横行，瘟病四起，他就把自己装神药的葫芦挂在一家门口，灭虫降瘟，普救众生，所以便留下了这一习俗。

八仙

八仙是指民间广为流传的道教八位神仙，分别是铁拐李、汉钟离、张果老、蓝采和、何仙姑、吕洞宾、韩湘子和曹国舅。

吕洞宾

吕洞宾是著名的道教仙人，八仙之一，全真派北五祖之一，全真道祖师。原名吕岩，字洞宾，号纯阳子。

药王爷

在中国民间信仰中，药王的信仰甚为普遍。因为各地民俗的不同，信奉的药王还不止一个，其中著名的有春秋时期的扁鹊，唐代的孙思邈、韦善俊、韦古道等。

端午节

五毒符、五毒衣

关于端午节使用五毒符的说法，大致有两种。最普遍的说法是，古人为了抵御端午时节的邪气，通常将蜈蚣、蚰蜒、蛇、蝎、草虫之类的形象剪出来，或者画在黄纸上，贴在门楣或者床边，作为驱邪的方法。还有一种说法是，人们把五毒当做所有害虫的代表，在节日里画出符咒，驱逐或"杀死"它们，以象征驱逐和杀死所有害虫。

儿童最容易受到疾病侵袭，所以，儿童服装上出现的五毒图案最多，甚至出现专供儿童穿用的五毒衣。天津旧俗给幼儿穿五毒衣、五毒鞋，据说这样可以免除疾病，同时还可以防蚊虫叮咬。河南农村过去把五毒图案绣在兜肚上，给孩子穿。这些都是"以毒攻毒"的巫术。这当然也能起到让儿童认识这五种危险动物的教育作用。

无论是利用五毒来辟除邪气，还是象征性地消灭五毒，端午节有关五毒的习俗是跟科学没有多少关系的。它们主要是一种艺术化的生活形式，把五月五日装点为一年之中最有特色的日子。

蚰蜒

蚰蜒体短而微扁，棕黄色。全身分十五节，每节长一对足，最后一对足特别长。蚰蜒行动敏捷，多生活在房屋内外的阴暗潮湿处，捕食蚊蛾等小动物，对农事有益。

五毒符、五毒衣

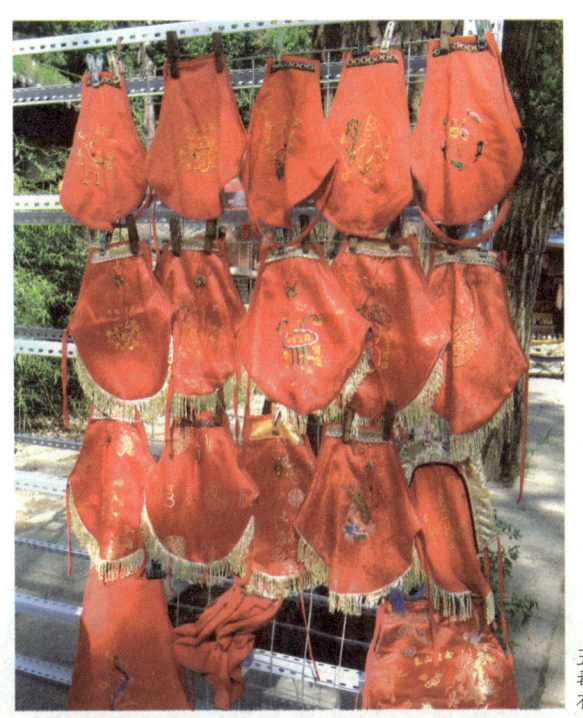

五毒衣

五毒鞋

　　五毒鞋就是把蜈蚣、蚰蜒、蛇、蝎、草虫等的形状绣在鞋头上，让孩子们穿在脚上，认识它们，时时刻刻提防它们，不去接触它们，避免受到伤害。

兜肚

　　兜肚是中国传统服饰中护胸和腹部的贴身内衣，形状多为正方形或长方形，对角设计，上角裁去，成凹状浅半圆形，下角有的呈尖形，有的呈圆弧形。

端午节

画　　面

　　画面是指人们在端午节,用雄黄涂抹小孩子的额头,认为具有驱避毒虫的作用。画面最典型的方法是用雄黄酒在小孩子的额头上画"王"字,一方面是借雄黄来驱毒,另一方面是借猛虎来镇邪。

　　画面的习俗寄予着人们驱除邪魅的愿望。清代的北京,人们会从五月初一开始,把雄黄混在酒里,将雄黄酒涂抹在小孩子的身上,一般都是涂抹在额头、鼻、耳等处,目的是驱毒。

　　在山西省河曲县,每到端午节都会喝雄黄酒,并且用雄黄酒涂在小孩的额头和两个手心、脚心上,认为这样具有保健的作用,可以祛病延年,保障孩子们的健康。

艾草

画面

现在，随着人们对于国家传统文化的逐渐重视，人们也有意识地延续这些端午节的习俗，于是在个别地区也出现了类似于画面的风俗，有的用雄黄酒，有的用蒲草或者艾叶。虽然形式不同，但目的都是一样的。

雄黄

雄黄是一种矿物质，产于温泉沉积物和硫质火山喷气孔内，橘红色。在古代，人们认为雄黄可以杀死一切毒虫，具有祛病驱邪的作用。

邪魅

邪魅用来形容一个人很邪恶但是却十分有魅力，或者有对别人充满了魅惑的意味。在这里，古人说的邪魅指的是一种妖怪，具有一定的迷信色彩。

传统文化

传统文化是一种反映民族特质和风貌的民族文化，是民族历史上各种思想文化、观念形态的总体表征。世界各地、各民族都有自己的传统文化。

端午节

五 彩 丝

虎头香囊

五彩丝就是缠在胳膊上的五色丝线装饰品，个别也有缠在脖子上的。汉代人首先在端午节使用五彩丝，认为这样可以避免被兵器和鬼怪伤害，还可以避免瘟疫。

五彩丝的别称有很多。南朝梁代，荆楚地区流行一种饰品叫"避兵"，就是在端午节用五彩丝缠在胳膊上，据说这样可以不得瘟疫。

明代的北京，人们在端午节午前，都会在儿童脖子上系一条彩色的丝线，下边还垂着一个用金属制作的钱形装饰，叫做"端午索"。明代嘉靖时期，河北当地用彩色的丝线绑在小孩子的脖子和手腕上，名叫"百岁索"。万历时期，浙江当地有端午节给幼儿手臂缠"彩索"的习俗，人们相信戴了百索可以使儿童不受毒虫蜇咬。明代皇帝也会在端午节赏赐文武百官"五彩寿丝缕"，就是民间端午索之类的东西。民国时期，南京人用五色线编织细绳，名叫"长命缕"，缠在孩子手臂上。比较复杂的长命缕上还挂一

五彩丝

个布制小老虎或布制小粽子。现代日常生活中蚕丝已经很少见了，一般都改用五色线。

荆楚地区

荆楚地区是现在的荆州、江陵、松滋、公安、石首、监利、洪湖、仙桃、潜江、天门、钟祥、京山、沙洋共13县（市），也包括荆州北门外的荆门十里铺一带。

午时

当时在人们心目中端午节最关键的时刻还是"午时"。端午节强调午时，正如我们过春节特别强调半夜"子时"一样。

民国

民国是从清朝灭亡至中华人民共和国建立期间的国家名称的简称。这段时期是中国历史上大动荡、大转变的时期，也是半殖民地半封建社会的终结阶段。

端午节

佩 香 囊

香囊，指包裹了具有辟邪作用的药物或香料的袋子，一般由手工刺绣做成。香囊在各地叫法不一，有香囊、绣囊、香包、香布袋、艾包、雄黄荷包、朱砂袋等。

明清时期，香囊成为流行的端午节饰物。香囊中包裹的东西各不相同，有装朱砂、雄黄一类药物的，也有填装沉香等香料的。

现代一些地区仍有端午节佩带香囊的习俗，河南、河北、湖北、陕西、山西、四川、广东等地都有流传。河南洛阳的香囊是用硬纸包裹艾叶、雄黄等，折叠成粽子形状，外边缠满五色彩线，挂在小孩子胸前，目的是辟邪。四川成都妇女在端午节回娘家前，用红绿绸缎做成海椒或金瓜形状，内装香料，挂在孩子胸前。河北邯郸的姑娘们在五月初四采集艾叶，缝在丝绸小包里，叫"艾包"。艾包里的这些树叶都是用来辟邪的。

河北东部农村还有"扔灾"的习俗。端午节前一天开始佩带艾包，端午节下午立刻将其扔掉，称为"扔灾"，意思是把所有灾难都抛掉。

朱砂

朱砂是一种矿物质，又称辰砂、丹砂、赤丹、汞砂，是硫化汞的天然矿石，大红色，既可以作为颜料，又可以入药。在古代，朱砂被看做是辟邪的药物。

佩香囊

香囊

沉香

沉香是一种药材，其色黑、芳香，脂膏凝结为块，入水能沉，故称"沉香"。沉香既可以入药，又可以作为香料。

艾叶

艾，又名冰台、艾蒿。生长于路旁、草地、荒野等处。多年生草本，高45～120厘米。茎直立，圆形，质硬，基部木质化。

健　　人

繁缨

　　健人是旧时江浙一带端午节时妇女佩戴的一种饰物。据《清嘉录》记载："（五月五日）市人以金银丝制为繁缨、钟、铃诸状，骑人于虎，极精细，缀小钗，贯为串，或有用铜丝金箔者，供妇女插鬓。又互相献赉，名曰健人。"从中可以看出，健人一般用金银丝或铜丝金箔做成，形状为小人骑虎，也可以另外加上钟、铃、缨作为装饰，还可以加上手工制成的蒜、粽子等物品的形状，插在妇女发髻上，或用作亲友之间相互馈赠的礼品。

　　据吴曼云的《江乡节物词·小序》记载："杭俗，健人即艾人，而易之以帛，作骆虎状，妇人皆戴之。"这说明，健人的意

义与传统的艾人是一样的,只是把做成小人的材料由原来的艾草转变成了金银丝等金帛的材料。

在古人看来,老虎具有驱邪避害的作用,人骑在虎上,就是驾驭的意思,配合铃铛、钟等作响之物,可以警醒鬼怪不得靠近。而有些地方的人认为,大蒜也是避邪之物。

《清嘉录》

《清嘉录》是清代苏州文士顾禄的著作,记述了苏州及附近地区的节令习俗,文笔优美,是研究明清时期苏州地方史、社会史的重要资料。

繁缨

繁缨是服装或器物上的穗状饰物,现在也叫流苏,是一种下垂的以五彩羽毛或丝线等制成的穗子,帝王头上的流苏以珍珠串成,按等级划分,数量有所不同。

发髻

发髻是将头发归拢在一起,在头顶、头两侧或脑后盘绕成髻。根据造型的不同,叫法也有所区别。盘髻成锥状的称为"锥髻",成螺丝形的称"螺髻"。盘髻较小的称"髻"。

端午节

豆　　娘

　　豆娘是古时候妇女们在端午节佩戴的一种头饰,在江南地区比较多见。有一种说法是,豆娘源自于古代的一种叫做"步摇"的头饰;还有一种说法是,豆娘是"艾人"的另外一种形式。

　　在《清嘉录》中提到,在江淮南北,每到端午节,妇女们都会戴上一种制作极其精巧、非常漂亮的头饰。一般都是用绉和艾叶加工而成,造型也很丰富。有的是绣上了神仙、佛像、各种虫鸟百兽,还有的是绣有八宝群花的图样,非常漂亮。更有一些奇特的造型,比如绉纱蜘蛛、绮谷凤麟、茧虎绒陀、排草蜥蜴,甚至还有螳蜘蝉蝎、葫芦瓜果等造型,非常逼真。在这些造型的基础之上,再加上幡幢宝盖、绣球繁缨,有的还会挂上一些小吊钟和铃铛,将这些丰富的物件串联在一起,看起来非常漂亮,走起路来还会发出悦耳的声音。它是古代江南节日饰品中不可多得的美器。

马头鹿角金步摇

步摇

步摇是古代妇女的一种首饰。取其行步则动摇之意，故名"步摇"。步摇为中国传统汉民族首饰，宋明以来一直流传的头饰。其形状与质地都是等级与身份的象征。

葫芦

在这里，葫芦不仅指的是爬藤植物，还有更深一层次的文化内涵。葫芦与"福禄"谐音，是中华民族最原始的吉祥物之一。人们常把它挂在门口，或将它佩带在身上用来避邪、招宝。

八宝群花

八宝群花是八宝属景天科多年生草本植物，叶圆而丰厚，团簇成花。多生于山坡草地或沟边，在云南、贵州、湖北等地均有分布。

端午节

粽　　子

　　粽子又称"角黍"、"筒粽",是汉族端午节的传统节日食品,表示的意思是顺应季节变化和帮助季节的运转。粽子由粽叶包裹糯米蒸制而成,是中国历史上文化积淀最深厚的传统食品。

　　早在春秋时期就已经出现"筒粽"。唐宋时期端午节的粽子品种极多,有九子粽、百索粽、角粽、锥粽、茭粽、筒粽、秤锤粽、杨梅粽、巧粽等。而宋代人不仅吃粽子,还用粽子作祭品来祭天。明代至今,全国各地基本都保持着这一习俗,以至于端午节又得名"粽子节"。北方的粽子基本都是甜味的,用料是糯米,还有糯米加豆沙或者红枣的。外包粽叶或芦苇叶,用叶条或五色线捆扎。蒸煮之后,蘸白糖食用。江南地区既有白粽子和豆沙馅的甜粽子,又有肉馅的咸粽子。浙江、广东均如此。而且,北方只在端午吃粽子,而广州则是四季都吃。

　　千百年来,吃粽子的风俗在中国盛行不衰。每年五月初,中国百姓家家都要浸糯米、洗粽叶、包粽子,这种风俗也流传到朝鲜、日本及东南亚诸国。

糯米

　　糯米是糯稻脱壳的米,在中国南方称为糯米,而北方则多称为江米。糯米是做黏性小吃,如粽子、八宝粥等甜品的主要原料。

粽子

包粽子比赛

祭品

祭品就是祭祀时用的物品。根据种族和地域的不同，祭品的形式也十分丰富，有用动物如猪、牛、羊、鸡的，也有用植物、食物、衣物等祭祀的。

东南亚诸国

东南亚诸国是第二次世界大战后期才出现的一个新的地区名称。该地区共有11个国家，包括越南、老挝、柬埔寨、泰国、缅甸、马来西亚、新加坡、印度尼西亚、文莱、菲律宾、东帝汶。

端午节

粽子的演变

包粽子用的芦苇叶

　　端午节吃粽子，这是中国人民的一个传统习俗。据记载，早在春秋时期，就用菰叶将黍米包成牛角状，称为"角黍"；用竹筒将米密封起来烤熟，称为"筒粽"。

　　东汉末年，以草木灰水浸泡黍米，用菰叶包黍米成四角形，煮熟，因浸泡黍米的水中含碱，故称为广东碱水粽。晋代，粽子被正式定为端午节食品。这时，包粽子的原料除糯米外，还添加中药益智仁，煮熟的粽子称"益智粽"。米中还可掺杂禽兽肉、板栗、红枣、赤豆等，品种多样。粽子还用作交往的礼品。到了唐代，粽子的用米已"白莹如玉"，其形状出现锥形、菱形。日

粽子的演变

本文献中就记载了"大唐粽子"。宋朝时,已有"蜜饯粽"。元明时期,粽子的包裹料已从菰叶变为箬叶,后来又出现用芦苇叶包的粽子,附加料已出现豆沙、猪肉、松子仁、枣子、胡桃等,品种更加丰富多彩。一直到今天,每年农历五月初,中国很多人家都要浸糯米、洗粽叶、包粽子,其花色品种更为繁多。

茭白叶

茭白叶是中国特有的水生蔬菜。在唐代以前,茭白被当做粮食作物栽培,是"六谷"之一。其他五谷为稻、黍、稷、粱、麦。

草木灰

草本和木本植物燃烧后的残余物称草木灰。草木灰质轻且呈碱性,凡植物所含的矿质元素,草木灰中几乎都含有。

益智仁

益智仁是姜科植物益智的干燥成熟果实。夏、秋间果实由绿变红时采收,晒干或低温干燥。益智仁具有一定的保健强身作用。

端午节

吃粽子的传说

当吃粽子成为端午节的习俗固定下来时，人们用各种传说故事来说明它的起源和意义。

从南北朝以后，民间开始有粽子，关于粽子的起源，民间最普遍的说法是和屈原有关。屈原是战国时期楚国的大臣，他忠君爱国，但是却遭楚王流放，最终自沉汨罗江而死。传说当年屈原投身汨罗江之后，百姓莫不感叹哀伤，空有抱负的屈原就这样离开了，实乃国家损失。所以百姓为了不让鱼虾损伤屈原身体，就纷纷将米粮投入江中，希望鱼虾只顾吃这些米粮而不损伤屈原肉身。而后，屈原托梦给百姓，说米粮投入江中实则被江中的蛟龙所食，如果用艾叶包裹，再绑以五色绳，则可以免遭蛟龙吞食，这才有了后来的粽子。

自从屈原传说出现以后，原本以辟邪保健为唯一目的的端午节习俗，开始出现纪念古代圣贤的因素。端午节原本只是

煮熟的粽子

吃粽子的传说

体现人与自然节律之间的关系,但从此以后,也开始体现出人与人的关系,渗透了社会道德思想。这是端午节习俗发展的一个重要标志。

战国时期

战国时期是指公元前475年到公元前221年(另有一种说法认为是从公元前403年到公元前221年)。战国时期是中国古代重要的历史时期之一。

屈子

屈子就是指屈原,"子"是古代对人的尊称。古时候,人们把老师或者有道德、有学问的人尊称为"子",比如孔子、老子、先秦诸子等。

蛟龙

蛟龙是古代传说中一种能发洪水的动物,在古代被奉为神兽。蛟和龙是不同的生物,蛟龙是蛟和龙交合而成的。虽然都有强大的力量,却有本质不同。

端午节

中国各地名粽

由于各地风俗不同，作为端午节的传统食物，粽子家族也是异彩纷呈。

广东地区的粽子是南方粽子的代表品种。厦门、泉州的烧肉粽、碱水粽驰名海内外。湖州粽子呈枕头形，得名枕头粽，其中最出名的是豆沙粽子。浙西山区居民祖祖辈辈、从古至今都用甜茶煮粽子。北京粽子是北方粽子的代表品种，个头较小，呈斜四角形。广西桂中地区的大枕头粽一个要用上250～500克米。桂林以北则喜欢形状似狗头的狗头粽。上海地区以老半斋、扬州饭店为代表的淮扬特色粽子素有"八味八式"的特点。功德林的粽子均以素食为特色。清真洪长兴的粽子很具穆斯林风范。沈大成、上海嘉兴粽子店、五芳斋等传统特色店所供应的粽子，则是"五花八门"。四川人偏爱辣味，这里的辣粽独树一帜。海南地区的粽子与北方不同，使用芭蕉叶包成方锥形。台湾地区的粽子带有浓厚的闽南风味，其中以白米粽、绿豆粽、叉烧粽、八宝粽、烧肉粽最为有名。陕西地区的蜂蜜凉粽子，是西安、关中和陕南一带特有的流行夏令食品。

八味八式

八味八式指的是正宗"小脚"白米粽、四角形红枣赤豆粽、秤砣形蛋黄栗子粽、元宝形火腿肉粽、三角形豆板咸肉粽、枕式鲜肉粽、长枕风鸡粽、菱形豆沙粽八种。

中国各地名粽

枕头粽

五花八门

五花八门在这里泛指沈大成、上海嘉兴粽子店、五芳斋等传统特色店里供应的粽子,其馅种类繁多,其中包括豆沙、鲜肉、白米、红枣赤豆、鲜肉蛋黄等。

蜂蜜凉粽子

蜂蜜凉粽子历史悠久,它形似菱角,白莹如玉,清凉解暑。吃时用丝线或竹刀割成小片,放在碟子里,淋上蜂蜜或玫瑰、桂花糖浆。吃起来筋软凉甜,芳香可口,沁人肺腑,别有风味。

端午节

粽子的国际影响

　　粽子不仅是中国端午节的传统食品,它的"魅力"还影响着国际美食界。在国外,粽子不仅作为端午节的食品,很多国家还把粽子作为圣诞节一道不可缺少的美食。

　　越南人认为,端午节吃粽子可以风调雨顺,五谷丰登,而且圆形粽子代表天,方形粽子代表地,天地合一,大吉大利。越南粽子的口味很特别,有咸粽、碱粽和肥肉粽。缅甸人爱吃粽子,但不是和端午节联系在一起,他们的粽子用糯米当主料,用成熟的香蕉和椰蓉做馅,闻起来香气扑鼻,吃起来美味无比。墨西哥人也有吃粽子的习俗,以吃粽子来欢庆玉米丰收,他们把粽子称

肥肉粽

粽子的国际影响

为"达玛尔"。粽子主料是粗颗粒的玉米面,用肉片和辣椒做馅,外包玉米叶子或香蕉叶子,别有风味。粽子是菲律宾人过圣诞节必不可少的食品。在委内瑞拉,每逢圣诞节,家家户户包粽子已经成为一种习俗,这种粽子以玉米面为主料,以火腿、腊肉或香肠为馅料,还加进橄榄、葡萄干,用新鲜蕉叶包成长方形,每个重约500克,焙干蕉叶,吃起来清香四溢。

墨西哥

墨西哥位于北美洲,北部与美国接壤,东南与危地马拉、伯利兹相邻,西部是太平洋,东临墨西哥湾与加勒比海。其首都是墨西哥城。墨西哥的美食世界闻名。

圣诞节

圣诞节是一个宗教节。因为人们把它当做耶稣的诞辰来庆祝,所以又名耶诞节。这一天,世界所有的基督教会都举行特别的礼拜仪式。

委内瑞拉

委内瑞拉玻利瓦尔共和国是位于南美洲北部的国家,为南美洲国家联盟的成员国,首都是加拉加斯。委内瑞拉是世界主要的产油国之一。

端午节

吃 五 黄

　　吃五黄是端午节期间汉族民间的风俗，江南民间在端午节中午吃"五黄"的习俗由来已久，在杭州把农历五月称为"五黄月"。这里的"五黄"指的是黄鱼、黄鳝、黄瓜、咸蛋黄和雄黄酒。端午节前后正是这五种食物上市的时间。

　　黄鱼平时喜欢栖息在较深的海域，4～6月份到近海洄游产卵，所以，成为端午节前后的时令菜。黄鳝经过一个冬天的蓄养和一个春天的复苏，再加上天气转暖，食物丰富，端午时节的黄鳝格外体壮肥美，肉质细嫩，此时是食用黄鳝的最佳时机。5月中旬黄瓜正好上市，在端午节的时候吃正合适。咸蛋黄平时可以作为小食，也可以用来包粽子，是端午节不可缺少的美食。雄黄酒是用雄黄和烧酒调和而成的，古人认为这样可以避免那些毒虫和疾病。不过雄黄有毒性，现在一般都以普通黄酒代替。

　　传统阴阳五行理论认为，端午节是一年中阳气最盛的时候，而中午，又是一天中阳气最盛的时候，所以可利用端午节的力量，抑制霉运、提升自己的精力。

五黄月

　　五黄月也被称为五黄六月，指农历五六月间天气最炎热的时候。这时正是五谷成熟、农事繁忙的时节。

吃五黄

雄黄酒

黄酒

黄酒是世界上最古老的酒类之一，源于中国绍兴，且只有中国有，与啤酒、葡萄酒并称世界三大古酒。

烧酒

烧酒指各种透明无色的蒸馏酒，一般又称白酒，各地还有白干、老白干、烧刀酒、烧锅酒、蒸酒、露酒、酒露、露滴酒等别称。

端午节

饮雄黄酒

　　雄黄酒是用研磨成粉末的雄黄泡制的白酒或黄酒，在端午节饮用。雄黄酒需要在太阳下晒，有的从五月初一晒到初五。作为一种中药药材，雄黄可以用作解毒、杀虫，于是古人认为雄黄可以克制蛇、蝎等百虫。神话传说中常出现用雄黄来克制修炼成精的动物的情节，比如变成人形的白蛇精白娘子不慎喝下雄黄酒，失去控制现出原形。所以古人不但把雄黄粉末撒在蚊虫孳生的地方，还饮用雄黄酒来祈望能够辟邪，让自己不生病。

　　传说屈原投江之后，屈原家乡的人们为了不让蛟龙吃掉屈原的遗体，纷纷把粽子、咸蛋抛入江中。一位老医生拿来一坛雄黄酒倒入江中，说是可以药晕鱼龙，保护屈原。一会儿，水面果真浮起一条蛟龙。于是，人们把这条蛟龙扯上岸，抽其筋，剥其皮，之后又把龙筋缠在孩子们的手腕和脖子上，再用雄黄酒抹七窍，认为这样便可以使孩子们免受虫蛇伤害。据说这就是端午节饮雄黄酒的来历。至今，中国不少地方都有喝雄黄酒的习惯。

修炼

　　修炼原指传统道家的修道、炼气、炼丹等活动。现指为实现某种理想或技术、技能而进行修养和锻炼的过程。

饮雄黄酒

黄酒坊

白娘子

　　白娘子是古代四大传说《白蛇传》中的主人公，经修炼得道后，法术高强。她天性善良，拥有一副菩萨心肠，用岐黄医术悬壶济世造福黎民百姓，为报许仙1700年前救命之恩，对其以身相许。

七窍

　　七窍指人体头部和面部的七个孔窍，就是两只眼睛、两只耳朵、两个鼻孔和一张嘴。中医认为，五脏的精气分别通达于七窍，五脏有病，往往从七窍的变化中反映出来。

端午节

破 火 眼

南京城乡都有"端午破火眼"的习俗。端午这天，各家准备一盆清水，滴上几滴雄黄酒，再放进两枚鹅眼钱，全家都用这盆水来洗眼，称为"破火眼"。据说这样可保一年没有眼疾。

火眼是一种眼病，就是我们平时所说的"红眼病"，又叫暴发火眼，是一种急性传染性眼炎。这种病发病急，传染性强，尽管可以治愈，但由于治愈后人体的免疫力降低，因此如果再接触病人还可能再次得病，重复感染，而且从几个月的婴儿至八九十岁的老人都可能发病。这种病常常是一人得病，在1~2周内会造成与其一同生活、工作、学习的人员广泛被感染，不分男女老幼，具有非常强的流行性。特别是在医疗水平非常低下的古代，治疗不当很容易致盲，人们对于这种暴发性的眼病非常恐惧。所以，在端午节这个五毒并出的日子里，人们对于眼病的预防也是非常重视的。

尽管"雄黄"对于治疗眼病没有什么帮助，但是人们总是借助于雄黄能辟邪消灾的特点，来希望自己及全家远离眼病，健康平安。

破

在传统文化中，"破"有着独特的地位，主要是打破和解除的意思，"破火眼"实际上是象征着解除"火眼"这种眼疾对人的威胁。

破火眼

南京

南京是"中国四大古都"之一,有"六朝古都"之称。南京位于长江下游沿岸,是长江下游地区重要的工业城市和经济中心,中国重要的文化教育中心之一。

流行

流行本意是指社会上新近出现的或某权威性人物倡导的事物、观念、行为方式等被人们接受、采用,进而迅速推广以至消失的过程。在这里表示疾病具有广泛传播性。

端午香袋

端午节

饮菖蒲酒与朱砂醑

端午节民俗商品

　　菖蒲是端午节一大主角。人们不仅用菖蒲来做蒲剑、蒲人、蒲鞋等装饰品，还用它的根和叶子来泡酒，这就是菖蒲酒，简称蒲酒。东汉时期就有菖蒲酒，但没有资料说明是不是端午节专用。到了南北朝时期，《荆楚岁时记》中记载"端午节以菖蒲一寸九节者泛酒，以辟瘟气。"这里所说的是根部有很多环节的石菖蒲，人们用其根泡酒。唐代医圣孙思邈的《千金月令》中也提到了端午时节把菖蒲切碎了泡酒的做法。明代李时珍的《本草纲目》中记载菖蒲酒具有药用价值。由此可见，菖蒲酒辟邪的说法包含着一定的道理。

朱砂醑就是朱砂酒。明代冯应景在《月令广义》中介绍,端午日用朱砂醑辟邪解毒,人们还用手指蘸了多余的酒,涂抹在额头、胸口或手足心,这样就可以免除虫蛇之患。用这种酒喷洒在墙壁和门窗处,可以赶走毒虫。古人之所以这么信任朱砂醑,是因为他们认为朱砂既是药物,又是辟邪之物,用朱砂泡酒,目的自然也是辟邪。

《荆楚岁时记》

《荆楚岁时记》是中国现今保存最为完整的一部记录岁时节令、风物故事的笔记体文集,记载了自元旦至除夕的二十四节令和时俗。

孙思邈

孙思邈生活在唐代,是著名的医师与道士,也是中国乃至世界史上伟大的医学家和药物学家,被后人誉为"药王"。许多人奉之为"医神"。

《本草纲目》

《本草纲目》是明朝医药学家李时珍为修改古代医书中的错误而编写的。他以毕生精力,亲历实践,广收博采,对本草学进行了全面的整理总结,历时29年编成。

端午节

端午节祭祖

中国人有慎终追远的传统，过节总不会忘记祭拜逝去的先人，供奉食物或鲜花以表心意，祭祖是中国普遍采用的仪式。祭祖的形式或许因宗教信仰而不同，但纪念祖先的意义却是相同的。祭祖是家庭祭祀活动最主要的内容之一。按照民间的观念，自己的祖先和天、地、神、佛一样应该顶礼膜拜。因为列祖列宗的"在天之灵"，时时刻刻都在关心和注视着后代的子孙们，尘世的人要通过祭祀来祈求和报答他们的庇护和保佑。

古代中国盛行祖灵崇拜，但凡节日一般都有祭祖活动。端午节也不例外。仲夏五月是黍成熟的月份，先秦时期在这个时候一定要行尝新礼仪，就是品尝新收获的黍。根据《吕氏春秋》的记载，端午时节，大王们用雏鸡尝试刚收获的黍，并把樱桃献给祖庙。

唐玄宗在五月五日向祖庙献夏季服装和扇子，这是典型的端午祭祖活动。民间祭祖没有皇家礼仪那么复杂，一般是在端午日吃饭之前，用酒和粽子等节日食物祭奠祖先，然后全家食用。

《吕氏春秋》

《吕氏春秋》是战国末年秦国丞相吕不韦组织属下门客们集体编撰的杂家（儒、法、道等）著作，又名《吕览》。此书共分为十二纪、八览、六论，共十二卷，一百六十篇，二十余万字。

端午节祭祖

端午祭祀仪式

尘世

尘世可以理解为人间、俗世,是宗教中的一种比喻性用法。宗教思想认为要想达到理想中的境界,要脱离现在的生活,经过修行以去除杂念。

黍

黍是五谷之一,一年生草本植物,叶线形,子实淡黄色,去皮后称黄米,比小米稍大,煮熟后有黏性。五谷中另外四种是稻、稷、麦、菽,还有一种说法是麻、稷、麦、菽。

端午节

祭神和贴挂神像

很多地区在端午节都有祭祀的习俗，但是祭祀的神灵各不相同。

有些人祭祀抽象的神。宋代端午节长达五天，京城里从五月初一开始，家家摆设团粽、蜀葵、桃柳枝、杏子、林禽、柰子等祭天，一直到初五结束。南宋时期，流行在端午节中午焚香、点蜡烛祭神的习俗。

有些人祭祀张天师或钟馗。东汉道教创始人张道陵，号称张天师。宋代皇帝尊奉道教，张天师也就成为神灵之一。宋人在端午节常悬挂或张贴所谓的"天师符"以辟邪。钟馗是唐代人，死后被崇拜为捉鬼的神灵。清代《燕京岁时记》说，北京商家出卖天师像和钟馗像，百姓买回去，贴在门上，认为这样就能赶走鬼怪。苏州旧风俗也有端午挂钟馗像的内容。

民国时期，两广地区端午节午时要焚香，向太阳行三拜礼，似乎是祭祀太阳，可是当地人表示只是泛泛地祭拜天神，并非祭祀太阳。

祭天

祭天是华夏民族最隆重、最庄严的祭祀仪式，通过祭天来表达人们对于天滋润、哺育万物的感恩之情，并祈求上天保佑华夏子民。

祭神和贴挂神像

钟馗像

天师印

　　天师印是民间端午节贴在门上的符，为禳镇的一种。绘制天师或钟馗像，意在驱除疫病毒虫，保佑全家健康，也被称为"灵符"、"五雷符"等。

两广地区

　　两广地区广义上指广东和广西，狭义上指北海市、钦州市、防城港市一带地区。

端午节

送 瘟 神

龙舟竞渡

  古人认为瘟神是掌管瘟疫和疾病的神，要采取一定的方式远离他。端午节时正是盛夏，害虫多，疾病多，所以，在这个特定时刻祭祀瘟神是很符合实际要求的。

  宋代《岳阳风土记》中记载：从四月初八开始，沿江各庙备船择日下水，进行竞渡，至端午节结束，竞渡的目的是消除灾祸和瘟疫。把草编的船放到河里，称为"送瘟"。明清时期的广东、江西、湖南、湖北、河南、山西都有端午节送瘟神的活动。例如，广东南雄在端午节的中午时分，用茅草船装上天符神，敲锣打鼓，送到河里漂走，号称"遣瘟"，即遣送瘟疫。山西阳曲有五瘟庙，僧人们派人把车做成龙舟形状，装上五瘟神像，叫做"送瘟船"，从五月初一开始遍游大街小巷。祭祀瘟神活动在

送瘟神

现代依然流传。民国时期，河北定县在五月初三，众人抬瘟神像巡游主要街道，沿途善男信女或染病之家，会在自家门前焚香祭祀，祈求保佑。初五正式举办"瘟神庙会"，整个活动到初六才结束。

天符神

天符是运气术语，指通主一年的中运之气与司天之气相符合的年份。天符神就是掌管一年中运气的神。

五瘟神

五瘟神是中国古代民间信奉的五位掌管瘟疫的神，他们分别是春瘟张元伯，夏瘟刘元达，秋瘟赵公明，冬瘟钟仕贵，总管中瘟史文业。

善男信女

善男信女泛指信仰宗教、皈依道门、遵守斋戒律条，倾心道法教理，不负法师教诲的善男子、善女子。善指善信，信指崇信。

端午节

亲友馈赠礼物

中国是礼仪之邦，自古以来就有在节日的时候亲友之间互相馈赠礼物的习俗，端午节自然也不例外。东汉应劭的《风俗演义》里记载，当时人们互相赠送"条达"。条达就是一种丝织的手镯。魏晋时期，也有互相赠送五色缕的。清代富贵人家每到端午节都要互赠粽子，同时还附带送上其他食物，如樱桃、桑葚、荸荠、桃、李子、五毒饼等。其中五毒饼制作考究，被视为高级礼物。民国时期，南京盛行端午节送鲥鱼和粽子。

站在民俗学研究的角度，我们应该注意到：互送礼物，本身只是一种手段。鲥鱼也好、粽子也好，只是代表端午节这个特殊日子的一个符号。赠送礼物的主要目的还是进行社会交际，使亲友关系密切。虽然最后这些食物都不能吃了，但是，在整个礼物交换过程中，它们的确起到了沟通亲友的作用，其主要目的实现了。所以，这种习俗被延续了下来。现在广州、宁波等地，端午节亲友之间还互相送粽子。太原、成都有亲友互送香囊的习俗。

《风俗演义》

《风俗演义》为东汉泰山太守应劭著。原书包括三十卷，附录一卷，今仅存十卷。该书以考证历代名物制度、风俗、传闻为主，对两汉民间的风俗迷信、奇闻怪谈多有驳正。

亲友馈赠礼物

亲友互送的香囊

五毒饼

清代至民国时期,北京、南京都有专门的五毒食物——五毒饼、五毒菜等。意思是吃了这些食物,就消灭了五毒,人们由此得到安全。

民俗学

民俗学是一门针对信仰、风俗、口传文学、传统文化及思考模式进行研究,来阐明这些民俗现象在时空中流变意义的学科。民俗学与发生在我们周围的各种生活现象息息相关。

端午节

端午节与扇子

书法折扇

端午节的来临，正是盛夏炎热将至之时，于是端午节送扇子的习俗便应运而生了。在唐代，唐太宗便在端午节给大臣送扇子，这样做既合时宜，又高雅而富有内涵，从而也表达了对臣子们的关心。

在湖北省阳新县，民间盛行"端午送扇子"。在当地，端午节前几天，女婿一定要上岳父岳母家"送节礼"。"节礼"中，扇子是必备的。给岳父送的是鹅毛扇，寓意足智多谋，多富多贵；给岳母送的是木香扇，寓着长春不老，品德香馨；给妻兄送的是大蒲扇，寓意立业成家，家中主事；给妻妹送的是绢丝扇，寓意郎君合意，心心相印；给妻弟送的折叠扇，寓意学业有成，才华出众。

作为端午"送节礼"的扇子，扇面上一般手写名家的咏扇诗文。新中国成立后，扇子上的诗文内容应时而变，如20世纪60年

代学雷锋，扇面便有"扇子扇清风，时时在手中，有人来借扇，我就学雷锋"的字样；到了新世纪，扇面便有"三更灯火五更鸡，正是男儿立志时"以及"莫生气"、"宽心谣"、治家格言等名言警句。

唐太宗

唐太宗李世民，唐朝第二位皇帝，中国历史上杰出的军事家、政治家、战略家，他协助父亲共同兴建唐朝。他在位期间，社会出现了国泰民安的局面，开创了历史上著名的"贞观之治"。

鹅毛扇

鹅毛扇是诸葛亮的标志性饰物。将鹅毛扇作为礼物进行馈赠，就是称赞其像诸葛亮一样足智多谋，有位高权重之意。

咏扇诗文

咏扇诗文就是写在扇子上，歌颂或表达一定寓意的诗词文字，比如刘禹锡曾写过《咏扇诗》：团扇复团扇，奉君清署殿。秋风入庭树，从此不相见。

端午节

妇女归宁

归宁就是回娘家。古代女儿出嫁,长住丈夫家,难得见到自己父母,而端午节便是回家看望父母的机会。

明代时,从农历的五月初一至初五,人们会把自家的小姑娘打扮得极其美丽,充分显示出她们的气质和仪态,而已出嫁的女儿也都在这期间归宁。因此,人们又把端午日称为"女儿节"。在苏州,妇女端午节要带着未满周岁的孩子回娘家,称为"躲午",就是让孩子躲过端午节的邪气。成都妇女也带孩子回娘家,临行前,给孩子挂上香包,又带上婆家的礼物出发,在娘家吃午饭之后,带着娘家回赠的礼物返回婆家。实际上,她代表婆家与娘家之间进行了一次礼尚往来的礼物交换。武汉旧俗是五月初六回娘家,比别处晚一天。在陕西,出嫁的女儿端午回娘家送的礼物包括夏令衣物、扇子、凉帽、汗衫等,但必不可少的是绣有蛤蟆的兜肚。现在,河南农村也有姻亲在端午走动的习俗。

娘家

已婚女子称自己父母的家为娘家,与之相对的,丈夫父母的家称为婆家。另外,在语言表达上,"娘家"也用来指代曾经工作、学习、生活过的地方以及事物的来历、根据。

妇女归宁

小姑娘

小姑娘泛指童年和少年时期的女子。小姑娘一般比较年轻、可爱,年龄通常不超过20岁。小姑娘还有一层意思,是指未婚的年轻女子。

姻亲

姻亲是指以婚姻关系为中介而产生的亲属。丈夫一方的亲属与妻子一方的亲属,由于二者的结合而产生的一种非血源性亲属关系,就被称为姻亲。

老虎香囊

端午节

端　午　雨

端午雨

　　端午雨是旧时民间的岁时占验习俗。这个习俗认为端午节下雨不吉，反之则吉。

　　端午雨习俗早在宋代就已经存在。在闽南一带，流传着一句谚语，叫做"五月五日晴，人曝药，岁无灾。雨则鬼曝药，人多病。"意思就是说，如果端午节这天不下雨，则人们都会把药材拿出来曝晒，指的就是不用吃药，人就不容易生病，如果端午节这天要是下雨，是鬼晒药，指的就是人需要吃药，暗示人大多会生病。

　　另外，清代的赵怀玉诗中的注解也引用了"端阳无雨是丰年"的谚语。

端午雨

其实，这些说法只是靠天吃饭的那个年代总结出来的农谚。真正的"端午雨"是指端午节前后会有比较明显的降雨过程。在长江中下游地区，端午节正好是降水相对集中的时候，大量的降雨会影响庄稼的收成，没有收成自然人们的日子就不太好过了。随着农业科技的进步和新型水稻品种的开发等，气象条件的决定性作用不像从前那么重要了，也就谈不上端午节期间下雨"吉"或"不吉"了。

占验

占验是指占卜的结果得到应验。占卜是用龟壳、铜钱、竹签、纸牌或星象等手段和征兆来推断未来吉凶祸福的迷信手法。

靠天吃饭

靠天吃饭指依赖自然条件来过日子，泛指过去生产力低下、科技手段不发达的时期，人们在大自然面前无能为力。

长江中下游地区

长江中下游地区是中国三大平原之一，位于湖北宜昌以东的长江中下游沿岸，由湖北江汉平原、湖南洞庭湖平原、鄱阳湖平原、苏皖沿江平原、皖中平原和长江三角洲平原组成，面积约20万平方千米。

端午节

古代的君臣礼仪

端午节民俗

端午节各项君臣之礼就是一种交际，其核心是君主礼贤下士，臣子竭尽忠心。

汉代皇帝在端午宴会上赐大臣枭羹。东汉章帝则把适合夏季穿的"水纹绫裤"赏赐给大臣。唐代皇帝在端午节大宴群臣，并赏赐夏季服装、百寿缕、扇子等节日用品。这些都是表示皇帝对大臣的关心，但皇帝对臣子的这种关心是有政治目的的。唐玄宗在其《端午三殿宴群臣并序》中表达自己对端午宴会的感受："……感婆娑于孝女（指曹娥），悯枯槁之忠臣（指屈原）而已哉！叹节气之循环，美君臣之相乐……"这说明，他所关注的是端午节传说中体现的纪念忠臣、孝女的思想。他希望通过端午节

赐宴来建立良好的君臣关系、社会关系。这当然有利于统治。

获得赏赐的大臣们纷纷献诗，表达自己对皇帝的忠诚与感激。正是基于端午礼仪包含着上述政治涵义和政治功能，因此，汉、唐、宋、辽、明各朝代都有端午节赐宴和赏赐大臣的礼仪。

礼贤下士

礼贤下士指对贤者以礼相待，对学者非常尊敬。在封建时代，指帝王或大臣降低自己的身份，敬重和结交那些有才德的人，使其为自己效劳。

枭羹

枭羹是以枭肉制的羹汤。枭，即猫头鹰，在古时人们将猫头鹰看做不祥之物，皇帝认为它象征恶人、奸臣。其最主要目的是为了帮助皇帝驱除不仁不义的人，有除恶的寓意。

唐玄宗

唐玄宗李隆基，亦称唐明皇。李隆基在位期间开创了唐朝乃至中国历史上最为鼎盛的时期，史称"开元盛世"。但是唐明皇在位后期爆发安史之乱，使得唐朝国势逐渐走向衰落。

端午节

龙舟竞渡

　　端午节最热闹的活动当然是龙舟竞渡。龙舟竞渡又称"赛龙舟"、"划龙船"、"龙船赛会"等,是一种具有浓郁民俗文化色彩的群众性娱乐活动,同时也是一种有利于增强人民体质,培养勇往直前、坚毅、勇敢精神的体育运动。

　　龙舟竞渡前一般都要举行隆重的祭祀仪式。如在屈原投水的汨罗江畔,每年龙舟竞渡前,都要先祭屈原庙。来自四面八方的男女老幼,抬着龙头,一批批地汇聚在屈原像下叩拜、吊唁,以粽子、包子、酒水等祭奠。然后由主祭人将一条红绸系到"头龙"的头上,由"头桡"将龙头扛到江边洗澡,洗完后将龙头安于船首,这才开始赛龙舟。

　　地域不同,讲究不同。有的地方出龙前数日,要祀神演示一番,名曰"下水"。上岸送神,称为"拨龙头"等。

　　端午节竞渡在晋代已经出现。南北朝至隋朝,主要流传于南方地区,唐代以后开始传入北方。但历史上这个习俗主要还是存在于河流较多的南方各省,北方比较少见。

汨罗江

　　汨罗江为洞庭湖滨湖区主要河流之一,主要支流有昌江河、纸马河、车对河、钟洞河、木瓜河、黄金洞。因屈原在此投江自尽而著名。

龙舟竞渡

系着红绸的"头龙"

屈原庙

屈原庙也被称为屈子祠，现为屈原纪念馆，位于汨罗城西北玉笥山顶。屈原庙始建于汉代，1765年重建，占地7.8亩(1亩≈667平方米)，是纪念爱国诗人屈原的祠堂。

头桡

头桡就是龙舟内坐在最前面的划桨人。头桡带领其他队员划桨的速度和龙船桨落水的深浅，决定了龙船的快慢，是龙舟竞渡中决胜的关键。

端午节

龙舟竞渡的演变

双龙出洞

  目前可见的最早的关于端午竞渡的古籍资料是晋代葛洪的《抱朴子》。端午竞渡起初是在南方流行，并且传说竞渡习俗起源于屈原沉汨罗之日百姓竭力营救他。竞渡本身作为一种游戏也渐渐传入北方。到了唐代，龙舟的规模之大，制作之精，竞赛之激烈，前所未有。南唐后主则利用民间端午竞渡习俗训练水军，把竞赛获胜者编成"凌波军"，以加强水上力量。

  到了北宋时期，首都汴京的竞渡在端午节举行。不过，在宋代南方的岳阳地区，端午竞渡却是一种禳灾辟邪的民俗活动。在元代，政府禁止龙舟竞渡。明代，宫廷皇帝有端午节请母后观

龙舟竞渡的演变

龙舟竞渡的礼仪，明末逐步废除。但是，端午竞渡在南方各地民间依然广为流行。清代，端午竞渡遍布南方各省，北方也继续流传。民国时期，端午竞渡逐步衰落。当时在南京竞渡时发生桥梁坍塌，伤亡惨重，于是，竞渡被官方禁止了。到了现代，竞渡基本上都是娱乐游戏了。

葛洪

葛洪是东晋道教学者、著名炼丹家、医药学家，他曾经受封为关内侯，后隐居罗浮山炼丹，著有《神仙传》、《抱朴子》、《肘后备急方》、《西京杂记》等。

《抱朴子》

《抱朴子》总结了战国以来神仙家的理论，在道家体系中具有重要地位，充分发挥了移风易俗、讽谏过失的社会作用，对道家学派的发展有重要影响。

李煜

李煜，五代十国时南唐国君，李煜虽不通政治，但其艺术才华却非凡。他精书法，善绘画，通音律，诗文也有一定造诣，尤以词的成就最高，被称为"千古词帝"。

端午节

迎 鬼 船

迎鬼船是端午节的习俗之一。江西南部的部分地方流传着迎鬼船的习俗。因为这一带水浅，不能进行龙舟赛，所以在五月初五这天，人们带着用纸草扎成的旱船，去登高、游街，谓之"迎鬼船"。

在古代，船有着特殊的象征意义。神话说，远古时代洪水滔天，人类把葫芦、木盆当做船来载人避难，它是人类逃出灭顶之灾的避难所，是人类赖以生存至今的宝物。所以，民间有用纸做成船，点上火置于江河湖海之中的传统，意在把祸祟带走，此外，各民族盛行的龙船竞渡的习俗，也有龙舟能带走祸患疾病、求得平安之意。

当人们由于条件限制，无法在水中行船的时候，便选择了扎旱船的方式。在端午节这天把它带在身上，外出登高、游街，寓意带走家中的邪气，确保全家平安。而且，传说认为群鬼们大部分是懒鬼，他们很容易就上了船。游街后在村外将旱船烧掉，目的是把船上的鬼烧死，不再坑害人间，使人们享受太平。

旱船

旱船是依照船的外观形状制成的木架子。在这种船形木架周围，围上绘有水纹的棉布裙或是海蓝色的棉布裙。在船的上面，装饰以红绸、纸花，有的地方还装有彩灯、明镜和其他装饰物。

迎鬼船

龙舟

神话

在学术上所谓的神话是指叙述人类原始时期，也就是人类演化的初期所发生的单一事件或故事。而且，承传者对这些事件、故事必须信以为真，而学者们就是根据这个定义来区别神话与传说、神话与民间故事的。

祸祟

祸祟又名邪祟，即鬼神邪气，还有一种说法是中医中造成情志病的病因之一。在这里指的是鬼神等污秽之气，这些都是对人不利的因素，应该去除。

端午节

屈原与端午节

在很多地区都普遍流行着端午节起源于屈原的说法，这种说法最早出自南朝梁代吴均的《续齐谐记》和南北朝梁朝宗懔的《荆楚岁时记》。

屈原是春秋时期楚怀王的大臣，他倡导举贤授能，力主联齐抗秦，却屡遭排挤，被免职后赶出都城。在秦军攻破楚国京都之后，屈原眼看自己的祖国被侵略，心如刀割，但是始终不忍舍弃自己的祖国，于五月初五，在写下了绝笔作《怀沙》之后，抱石投汨罗江而死。

据说，屈原投汨罗江后，当地百姓闻讯马上划船捞救，一直行至洞庭湖，始终不见屈原的尸体。那时，恰逢雨天，湖面上的小舟汇集在岸边的亭子旁。当人们得知是为了打捞贤臣屈大夫时，再次冒雨出动，争相划进茫茫的洞庭湖。为了寄托哀思，人们荡舟江河之上，此后才逐渐发展成为龙舟

吃粽子与屈原有关

屈原与端午节

竞赛。百姓们又怕江河里的鱼吃掉屈原的身体,就纷纷回家拿来米团投入江中,后来就形成了吃粽子的习俗。可见,端午节吃粽子、赛龙舟与纪念屈原相关。

楚怀王

楚怀王是中国战国时期楚国的国君。楚国本来是六国中的强国,拥有强大的国力,但楚怀王贪婪成性,屡次中秦国国相张仪的计谋,楚国本是齐国的坚定盟友,却背齐投秦,楚怀王把楚国的国力耗尽,最终身死异国。

《怀沙》

《怀沙》是楚国政治家、诗人屈原作为临终前的绝命词,大意指怀抱沙石以自沉,讲述了自己遭遇的不幸,表达了理想抱负与实现的差距,希望以自己的死亡来最后震撼民心、激励君主,这是屈原临终前的悲叹。

大夫

大夫是古代官名。西周以后先秦诸侯国中,在国君之下有卿、大夫、士三级。大夫世袭,有封地。秦汉以后,中央要职有御史大夫,至唐宋尚有御史大夫及谏议大夫之官,至明清废除。清朝高级文职官阶称大夫,武职则称将军。

端午节

秭归三端午

在屈原的家乡秭归，端午节比春节过得还要隆重。这里要过三个端午节，农历五月初五为"头端阳"，五月十五为"大端阳"，五月二十五为"末端阳"。

当年屈原五月初五投了汨罗江，但家乡父老不相信，大家划着船，四处寻找，直到五月十五，洞庭湖的神鱼驮着屈原的尸体回到家乡，大家于是用红漆棺材装殓他，用转丧鼓来悼念他，为他办丧事，直到五月二十五丧事结束。因此我们认定，五月初五屈原投江是头端阳，办丧事的五月十五是大端阳，丧事结束的五月二十五是末端阳。

端午节的粽子和鸡蛋

秭归人从农历四月底就开始忙碌。到了五月初五头端阳这天，人们开始包粽子、煮鸡蛋、吃大蒜、喝雄黄酒，还采来白艾和菖蒲，用红纸条扎成束后悬于门前。到了农历五月十五这天，各家各户备下佳肴接女儿、女婿回家同享，俗称"过大端阳"，这期间的重头戏包括划龙舟、投粽子、办诗会，这种热闹的节日气氛一直持续到农历五月二十五日，也就是"末端阳"，整个端午节仪式前后长达20天。

秭归

秭归位于中国湖北省西部，地处川鄂咽喉长江西陵峡两岸。秭归文化底蕴丰富。王昭君也出生在这里。

春节

春节即农历新年，俗称过年，一般指除夕和正月初一，是中华民族最隆重的传统佳节。所有这些活动都有一个共同的主题，即"辞旧迎新"。人们以盛大的仪式和热情，迎接新年，迎接春天。

丧事

丧事泛指人死后殓葬、哀悼等事情，主要过程为送终。长辈绝气前，晚辈守在身旁，直到咽气，谓之"送终"。新中国成立后，各级政府提出移风易俗，丧事简办，提倡火化。

端午节

勾践与端午节

据《越地传》记载，端午风俗起源于越王勾践。在浙江，同样流行着端午节来源于勾践操练水军的说法。

越是华夏族建立的国家，勾践是大禹子孙。周王朝建立后，勾践的先人被封在会稽守宗庙，故建立越国。公元前496年，勾践即位后不久，即打败吴国。两年后，吴王夫差攻破越都，勾践被迫屈膝投降，并随夫差至吴国。勾践战败被俘后，时刻不忘会稽之耻，日日忍辱负重，不断等待时机，在吴国过了3年忍辱含垢的生活，骗得了吴王夫差的信任，被放回越国。回国后，勾践卧薪尝胆，立志雪耻，于当年五月初五成立水师，开始操练。经过10年艰苦奋斗，终于报仇雪耻，灭了吴国。

据《事物原始》一书记载："竞渡之事，起于勾践，今龙船是也。"也就是说，端午节的重要活动——龙舟竞渡，起源于五月五日勾践操练水师。

所以，后人为昭彰勾践这种坚忍不拔的精神，便效仿越国水师演练时的情景，于五月初五这一天划船竞渡，以示纪念。

大禹

禹，姒姓，名文命，字高密，号禹，后世尊称大禹，相传禹治黄河水患有功，受舜禅让继帝位。他最卓著的功绩就是治理滔天洪水，又划定中国国土为九州。后人称他为大禹，也就是"伟大的禹"的意思。

勾践与端午节

赛龙舟

越国

越国是春秋战国时期位于中国东南方的诸侯国，都城在会稽（今绍兴），相传始祖是夏代少康庶子无余。越为春秋五霸之一，勾践灭吴后北上争雄，横行江淮，号称霸王。战国时，越势力衰弱，公元前306年，被楚所灭。

夫差

夫差是春秋末期吴国国君，他即位之初，励精图治，大败勾践，使吴国达到鼎盛。在位后期，生活奢华无度，对外穷兵黩武，屡次北上与齐晋争锋。公元前473年，勾践灭吴，夫差自缢。

端午节

介子推与端午节

据史料记载,春秋时期晋国内乱,晋公子重耳被迫在外流亡,介子推一直跟随他左右。流亡期间重耳经常食不果腹、衣不蔽体。有一次重耳饿晕了过去,为了让他活命,介子推到山沟里,把腿上的肉割了一块,与采摘来的野菜同煮成汤给重耳。重耳吃后,当知道是介子推腿上的肉时,大受感动,声称有朝一日做了君王,要好好报答他。

介子推随重耳在外逃亡19年,备尝艰难险阻。重耳最终返回晋国,做了君王,并奖赏共患难的忠臣贤士,却唯独忘了介子推。介子推于是携母入深山隐居。重耳后来想起介子推,便与臣子们入山寻找,却寻觅不到。有人献计放火烧山,因为介子推是有名的孝

端午节放河灯

介子推与端午节

子，看到着火，一定会背着母亲跑出来。谁知大火烧了三日，介子推竟和母亲抱着大树被活活烧死。成书于东汉的《琴操》中记载，重耳为了纪念他，下令每到五月五日这天，不得动火。

虽然五月五日不得动火是为了纪念介子推，但是与端午节的其他习俗并不相称，反倒有更多的人认为寒食节是为了纪念介子推。

重耳

晋文公，姬姓，名重耳，在做晋国君之前，他被迫流亡列国，历时19年之久。他是春秋时期恶霸的缔造者，开创了晋国长达一个多世纪的中原霸权。退避三舍、秦晋之好都是以他为主角的成语故事。

介子推

介子推是晋国贤臣，后人尊其为介子，春秋时期晋国（今山西介休）人。介子推随重耳在外逃亡19年。重耳最终能返回晋国，立为晋君，介子推也尽了犬马之劳。

寒食节

寒食节的具体日期，古俗讲究在冬至节后的105天。现在山西大部分地区是在清明节前一天过寒食节。寒食节讲究禁烟火，只吃冷食，是汉族传统节日中唯一以饮食习俗来命名的节日。

端午节

伍子胥与端午节

团结一致

端午节是为了纪念春秋时期的伍子胥,这个说法在江浙一带流传很广。

伍子胥是楚国人,父兄均为楚王所杀,后来他投奔吴国,助吴伐楚。大胜之时楚平王已死,伍子胥掘墓鞭尸,以报杀父兄之仇。吴王阖闾死后,其子夫差继位,吴军士气高昂,百战百胜,在与越国的一次战争中,越国大败,越王勾践请和,夫差许之。伍子胥建议,应彻底消灭越国,夫差不听,吴国太守受越国贿赂,谗言陷害伍子胥,夫差信之,赐伍子胥宝剑,伍子胥以此死。伍子胥本为忠良,视死如归,在死前对邻舍人说:"我死

后,将我眼睛挖出悬挂在东门上,以看越国军队入城灭吴。"之后便自刎而死。夫差闻言大怒,令取伍子胥的尸体装在皮革里,于五月五日投入大江。因此相传端午节亦为纪念伍子胥的日子。

伍子胥死后,吴人怜悯他的不幸,为他立祠,他就这样成为涛神。据说涛神含恨,常在长江、钱塘江、舜江覆舟溺杀过往旅客。老百姓只好年年在伍子胥的忌日临江举行盛大的纪念活动,告慰亡灵,于是便形成端午龙舟迎潮的习俗。

楚平王

楚平王为春秋时期楚国国王。即位之初,曾施行了一些革弊兴国的政策,但他即位不久便重用佞臣,轻信费无忌编造的太子建谋权的谗言,株连重臣伍奢父子,逼伍子胥奔吴。这是导致楚亡国的重要原因。

祠

祠即祠堂,是族人祭祀祖先或先贤的场所。祠堂有多种用途,除了"崇宗祀祖"之用外,各房子孙平时办理婚、丧、寿、喜等事时,便利用这些宽广的祠堂作为活动之用。

亡灵

亡灵意为死者的灵魂,在文学作品中,特指生物的正常生命形态终结之后,再度出现类似生命活动迹象或者以其他形态继续存在的事物。

端午节

曹娥与端午节

关于端午节的起源，还有有一种说法，被指是为了纪念曹娥的。此说出自东汉《曹娥碑》。

传说有个姓曹的渔夫，每天都在舜江上捕鱼。这渔夫有个女儿叫曹娥，刚刚14岁，是个远近闻名的孝女。这一年春夏之间，两岸连下大雨，江水暴涨，正是打鱼的好时机，曹娥的父亲决定出江捕鱼。曹娥担心水深浪大，劝他不要去，但父亲执意前往。她无奈只好留在家里等爹爹回来，然而直到太阳落山，还不见爹爹回来吃饭。曹娥心里不安，她沿江寻找，这时曹娥见到了与她爹一同外出打鱼的伙伴，他们个个衣衫湿淋淋，见了曹娥之后都不住地叹气，一问才知道，他们一起张网时，突然一个大浪，把她爹的小船推进漩涡冲走了。曹娥大惊，拔脚朝下游追去。过了七天，始终不见父亲的踪影，她在农历五月五日投江寻父，五日后从江中抱出了父亲的尸体。就此传为神话，继而相传至县府知事，令度尚为之立碑颂扬。后人为纪念曹娥的孝节，在农历五月五日这天都要划龙舟，于是便有了后来的端午节。

《曹娥碑》

《曹娥碑》是为表彰曹娥而写。据《后汉书·曹娥本传》记载，曹娥年仅14岁，沿江寻找父亲尸体，她沿江号哭，昼夜不绝声，寻找七日，最后投江而死。

曹娥与端午节

奋勇前进

知事

　　知事主管执掌事务，多用于官职、管理职任的职称，如掌管僧院事务的住持原来叫知事。用于官职名是源自中国古代的知府、知县，当时又称"知某州事"和"知某县事"，因此被简称为"知事"。

度尚

　　度尚字博平，荆州刺史。他与张邈、王考、刘儒、胡母班、秦周、蕃向、王章共八人合称"八厨"。

端午节

龙图腾说与端午节

端午节祭祀仪式

关于端午节，闻一多先生在《端午考》文中用了大量材料考辨，认为农历五月初五是古代吴越地区举行图腾祭祀的日子。中国的端午节就是从南方吴越地区传播开来的祭祀龙图腾的民俗节日。

他在《端午考》等文中说，端午节划龙舟、吃粽子的风俗早在原始社会就有了，并且发源于吴地。端午节的两个主要活动划龙舟和吃粽子都与图腾崇拜有关。古代吴越族是以龙为图腾的民族。《说苑·奉使》中记载，吴越之民有"断发文身"、"以像龙子"的习俗。历代吴越人民为表明自己是"龙"的后裔和对龙的尊重，祈求龙神来保护他们的生命安全，避免蛇虫之害，每年五月五日这一天，都要举行盛大的图腾祭祀。将龙形纹饰在身

体上,把乘坐的木船刻成龙的形状,称为龙舟,青壮年在急骤的鼓乐声中进行龙舟竞渡。同时将各种装在竹筒中或裹在树叶里的食物抛给龙神吃。

闻一多先生的详尽考证,揭开了端午节的习俗之谜。从而也可以说,端午节习俗是吴越文化的重要载体之一。

闻一多

闻一多,汉族,原名闻家骅,中国现代伟大的爱国主义者,坚定的民主战士,中国民主同盟早期领导人,中国共产党的挚友,诗人,学者。新月派诗歌的代表诗人,作品主要收录在《闻一多全集》中。

图腾

图腾是原始人群体的亲属、祖先、保护神的标志和象征,是人类历史上最早的一种文化现象。原始人迷信某种动物或自然物同氏族有血缘关系,因而用图腾来做本氏族的徽号或标志。

《说苑》

《说苑》由西汉刘向撰写,本书是他根据皇家藏书和民间图籍,按类编辑的先秦至西汉的一些历史故事和传说,并夹有作者的议论。

端午节

端午节与夏至

关于端午节的起源，说法众多，其中有一种说法，认为夏至是端午节最早的起源。

原因之一是，吃粽子是端午节具有代表性的习俗，而在权威性的著作《荆楚岁时记》中，并未提到五月初五要吃粽子的节日风俗，却把吃粽子写在夏至节中。而且南北朝时期，不光端午节吃粽子，夏至节也吃粽子。后来，唐代的苏州、宋代的安徽池州都保持着夏至吃粽子的习俗。这表明，在古人心目中，端午节与夏至节是非常接近的，因此其节日食物也非常一致。不过，随着端午、夏至两节的合并，到了明清时期基本都统一为端午吃粽子了。

端午节风俗

端午节与夏至

另外，普遍流行的说法是，端午节是为了纪念屈原，而一些过节的内容，如"踏百草"、"斗百草"、"采百药"等，实际上与屈原无关。并且，有关资料对端午节的解释是："日叶正阳，时当中即端午节正是夏季之中，故端午节又可称为天中节。"也就是说，端午在夏季之中，而现在的端午是盛夏之前，所以资料记载的端午，应该是现在的夏至。

纪念秋瑾

端午节还有为纪念秋瑾一说。秋瑾28岁时参加革命，在策划起义时为清兵所捕，英勇就义。后人敬仰她，哀悼她的忠勇事迹，用端午节一并来纪念她。

南北朝

南北朝是中国历史上的一段分裂时期。该时期上承东晋，下接隋朝，南北两朝虽然各有朝代更迭，但长期维持对峙，所以称为南北朝。

苏州

苏州物华天宝，人杰地灵，被誉为"人间天堂"，素来以山水秀丽、园林典雅而闻名天下，有"江南园林甲天下，苏州园林甲江南"的美称，又因其小桥流水人家的水乡古城特色，而有"东方威尼斯"的美誉。

端午节

射　　　柳

射柳

　　古代端午日要出门辟邪，作为消遣，人们发明了很多游戏活动，射柳便是其中之一。

　　射柳，又名扎柳。其基本形式是骑马射柳树枝，展示骑术和射箭技术。射柳游戏起源于古鲜卑族秋天举行的一种祭祀仪式：树立柳树枝，众人骑马绕行三周。汉族的射柳游戏，据宋人庞元英《文昌杂录》考证，开始于唐朝。

　　宋代射柳游戏分别在三月三和端午节进行。北方的辽国也是于清明、端午两节玩射柳游戏。他们把装着鹁鸽的葫芦挂在柳树上，军人骑马射葫芦。金国承袭辽国风俗，世宗皇帝会在端午节射柳

观赏射柳，还奖励优胜者。金人一般的玩法是在毯场上插两行柳枝，标上记号，按照尊卑顺序依次驰马射箭。能够射断柳枝而且用手捡起断枝者最优；射断而不能捡起者次之；其他为负。明代多位皇帝都到万岁山观看射柳游戏。明代末年，射柳开始流行于民间，并固定在端午节进行，活动地点在天坛到金鱼池一带。天坛本来也是民众端午节"避毒"的处所，正好观看射柳。清代官方与民间也都在端午节进行射柳活动。

古鲜卑族

古鲜卑族是中国北方的游牧民族，属东胡部落，兴起于大兴安岭山脉，是商代东胡族的一支。古鲜卑族曾归附东汉，后留在漠北的10多万户匈奴均并入鲜卑，古鲜卑族势力逐渐强盛。

万寿山

万寿山为燕山余脉，高58.59米，海拔108.94米。现位于北京西北海淀区颐和园，传说因一位老人在山上掘出一个装满宝物的石瓮而得名。

天坛

北京天坛位于正阳门外，永定门内路东，始建于明朝永乐十八年（1420年），是中国明、清两朝皇帝祭天之地。

端午节

端午节禁忌

在先秦时期,人们普遍认为五月是个毒月,五日是恶日,相传这天邪佞当道,五毒并出,因此这一天的禁忌也是非常多的。

汉代应劭所著的《风俗通义》里就记载了一些这方面的禁忌。例如,避免在五月赴任到官,这个月到任的官,运气不好将不能升迁;五月不能盖房,农历五月盖房会赶上恶日,人会变成秃头;最忌讳在五月五日这个"恶月恶日"生孩子,这天生的孩子,儿害父,女害母。东汉王充也在《论衡》中提到了这个现象,他还用当时流行的阴阳学说进行分析,认为五月阳气炽盛,这天出生的孩子"精炽热烈",会压制住父母的阳气,这样父母就容易生病。但这些都是传闻,没有经过证实。

到了现代,有些地区忌端午节打井水,往往在端午节来临前就把所需要的水打好,据说是为了避井毒。

应劭

应劭(约153—196),东汉学者,字仲瑗。汝南邵南顿县(今项城)人。应劭博学多识,平生著作11种、136卷,现存《汉官仪》、《风俗演义》等。

王充

王充,字仲任,会稽上虞人(今属绍兴),东汉杰出的唯物主义思想家和教育家。《论衡》是王充的代表作品,也是中国历史上一部不朽的无神论著作。

端午节禁忌

端午节集市上的人们

《论衡》

《论衡》共85篇,是王充用了30年心血才完成的,被称为奇书。东汉时期儒家思想占支配地位,但却带有神秘主义的色彩,《论衡》一书针对这种儒术和神秘主义进行了批判,这使它成为中国古代一部不朽的唯物主义哲学文献。

端午节

小说中的端午节

龙舟

  在老舍先生的作品里，老北京的端午节是那样的热闹。"在往年，到了五月初一和初五，从天亮，门外就有喊：'黑白桑椹来大樱桃'的，一个接着一个，一直到快吃午饭的时候，喊声还不断。喊的声音似乎不专是为了做生意，而有一种淘气与凑热闹的意味，因为卖樱桃、桑椹的不都是职业的果贩，而是有许多十几岁的儿童。他们在平日，也许是拉洋车的，也许是卖开水的，到了节，临时改了行——家家必须用粽子、桑椹、樱桃供佛，他们就有一笔生意好做。"这是《四世同堂》里的端午节。

  在《赵子曰》里，老舍也为我们描绘了一个美丽的北京端午节。"粉团儿似的蜀菊"、"长长的柳条"、"小妞的辫子"、

110

"光脚丫的孩子","铺户和人家的门上插上一束两束的香艾,横框上贴上黄纸的神符,或是红色的判官。路旁果摊上摆着半红的杏儿,染红了嘴的小桃,虽然不好吃,可是看着多么美!"

老舍

老舍,本名舒庆春,字舍予,中国现代著名小说家、文学家、戏剧家。老舍众多作品中,著名的有《茶馆》、《龙须沟》、《骆驼祥子》和《四世同堂》。

《四世同堂》

《四世同堂》写于20世纪40年代。小说以祁家祖孙四代人为核心,连接着小羊圈胡同里的各类人物,表现了抗战时期,沦陷区人民的苦难经历和他们在苟安的幻想破灭之后逐渐觉醒、反抗,到最后取得胜利的艰苦过程。

《赵子曰》

《赵子曰》是老舍在1927年发表的长篇小说,描绘20世纪20年代北京鼓楼天台公寓一群大学生浑噩混沌、委靡卑俗的人生图景。在生死攸关之际,幸得正派的挚友李景纯的劝说和诱导,大家开始醒悟,愿意改弦更张,重新生活。

端午节

诗歌中的端午节

端午节是中国古老的传统节日，传说屈原含恨投汨罗江自尽，当地百姓得知，便驾驶船只争相打捞。这个故事，在唐代诗人的作品中有所反映，如文秀在《端午》诗中说："节分端午自谁言？万古传闻为屈原。"

唐人继承了前朝人的做法，在端午节这天，各地都举行规模盛大的龙舟竞渡活动。张建封的长诗《竞渡歌》最被人们看好，其中描写竞渡场面十分精彩："鼓声三下红旗开，两龙跃出浮水来。棹影斡波飞万剑，鼓声劈浪鸣千雷。"到了冲刺阶段，场面更加热烈了："鼓声渐急标将近，两龙望标目如瞬。坡上人呼霹雳惊，竿头彩挂虹霓晕。"望着即将靠近的终点锦标，两条龙舟上的健儿们眼睛闪出亮光。看着决胜的关头，坡上的观众发出了惊雷般的呼叫。胜负转眼间作出分晓："前船抢水已得标，后船失势空挥桡。疮眉血首争不定，输岸一朋心似烧。"这是写输了一方的表现，眼看着别人夺了锦标，只好徒劳地挥动船桨向前划。从上述这些诗歌中便能看出唐代端午节的热闹场面。

张建封

张建封，字本立，南阳邓州人，少喜文章，能辩论，慷慨尚气，以功名自许。著有文章230篇，《新唐书·艺文志》传于世。

诗歌中的端午节

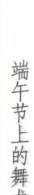
端午节上的舞龙表演

舜

　　舜是中国历史传说中的人物，是五帝之一，传说舜有双瞳，所以眼睛特别明亮，在《竞渡歌》中借舜来比喻龙舟健儿急切、热烈的眼神。

锦标

　　锦标最早使用于唐代，是当时最盛大的体育比赛——竞渡（赛龙舟）的取胜标准。而竞渡则是春秋战国时的一项体育活动，在唐以前，并没有"夺标"的规则。

端午节

端午节名谚

关于端午节，除了在小说、诗歌中有不同的表现内容之外，谚语中的端午节也是色彩纷呈。

关于气候的谚语就有很多，比如北方有谚语说"未食五月粽，被褥不甘松。未食五月粽，破裘唔敢放。未食五月粽，寒衣不敢送。未食五月粽，不够百日又翻风。"意思是说，没到端午节，天气还有寒意，还应该用厚的被褥，棉衣、皮袄不要收起来，因为天气随时会发生变化，这是指导人们生活的民间谚语。在宝山还有一种说法是"未吃端午粽，寒衣不可送。吃了端午粽，还要冻三冻。"同样告诉人们要遵循春捂秋冻的习俗，防止疾病的出现。而且，在山西还有一句谚语是"有钱难买五月五日旱"，说明端午节下雨不吉利。

端午节游江

端午节名谚

还有很多关于端午节习俗的谚语,比如在北方有"清明插柳,端午插艾","端午不戴艾,死去变妖怪","喝了雄黄酒,百病远远丢"的说法,表明人们在端午节为了辟邪祛病都要戴艾草,喝雄黄酒。

气候

气候是长时间内气象要素和天气现象的平均或统计状态,时间尺度为月、季、年、数年到数百年以上。气候以冷、暖、干、湿这些特征来衡量,通常由某一时期的平均值和离差值表征。气候的形成主要是由于热量的变化而引起的。

春捂秋冻

春捂秋冻是一句保健谚语,告诉人们,春天气温刚刚转暖,不要过早的脱掉棉衣。而秋天气候凉爽,不要过早的增加棉衣,适当的凉爽刺激,有益于增强抗寒能力。

谚语

谚语是流传于民间的比较简练的话语。多数谚语反映了劳动人民的生活实践经验,而且一般都是经过口头传下来的。它多是口语形式的通俗易懂的短句或韵语。

端午节

中国各地的端午节

端午节放风筝

　　端午节时，山东省日照市给儿童缠七色线，一直要戴到节后第一次下雨才解下来扔在雨水里。邹平县的人们早起均需饮酒一杯，传说可以辟邪。临清县过端午，7岁以下的男孩带符（麦秸做的项链），女孩带石榴花，还要穿上母亲亲手做的黄布鞋，鞋面上用毛笔画上五种毒虫。

　　江苏省高邮市的端午较为特殊，有系百索子、贴五毒、贴符、放黄烟子、吃"十二红"等习俗，孩子流行挂"鸭蛋络子"，就是挑好看的鸭蛋装在彩线结成的络子中，挂在胸前。嘉定县在端午节时，无论贫富，必买石首鱼（俗称鳇鱼）煮食。广东省从化县

中国各地的端午节

端午节正午，以烧符水洗手和眼，洗后的水泼洒在道上，称为"送灾难"。石城县儿童放风筝，称为"放殃"。福建省福州市端午旧俗，媳妇用寿衣、鞋袜、团粽、扇子进献公婆。

麦秸

麦秸是麦类成熟后的茎秆去掉麦穗后的部分，俗称麦秆或麦根儿。麦秸碾压扁平碎裂以后有韧性，可以用来编织工艺品。

黄烟子

黄烟子是当地烟火的一种，大小就像北方的麻雷子的炮仗，只是里面灌的不是火药，而是雄黄，点燃之后会产生黄色的烟。

寿衣

寿衣是装殓死者的衣服，是指为去世的人准备穿戴的衣服，老年人生前就做好死后要穿的衣服，美称寿衣，有健康长寿的寓意。

端午节

少数民族的端午节

　　端午节作为中国很多民族的民俗大节，不但内涵十分丰富，还表现出不同民族文化的融合和差异。

　　汉族过端午节的习俗有吃粽子、赛龙舟、插艾蒿、系五彩线等。四川小凉山的彝族群众在端午节这一天的习俗是采集草药，用来防病治病；仫佬族过端午要抬着纸船到田间赶走害虫，祈祷禾苗成长；贵州苗族端午节除举行赛龙舟外，还举行踩鼓舞、唱歌、赶山等活动；藏族民间过端午节，青年男女到郊野游乐，进行赛马、歌舞、游戏等活动。

　　粽子是端午节传统特色食品，但不同民族吃法各异。汉族最早是用新竹筒盛米煮成筒粽，后来才改用楝叶、菰芦叶、竹叶、苇叶裹黏米成尖角心形状，煮熟后食用；瑶族的粽子常用糯米配腊肉条、绿豆，形似枕头，也有人在糯米中加红糖、花生等制成素馅凉粽子；毛南族把端午节亦称为"药节"，他们用艾叶、菖蒲、黄姜等草药作馅食用；畲族群众一般用箬叶将糯米包成四角，用碱水煮熟后，用草捆扎，10个一串，可存放半个月。

彝族

　　彝族是中国最古老的民族之一，彝族与哈尼族、傈僳族、拉祜族等皆源于古彝族。彝族是中国少数民族中人口较多的民族，全国彝族人口776万多，主要分布在云南、四川、贵州和广西壮族自治区的西北部。

少数民族的端午节

端午节苗族对歌

仫佬族

　　仫佬族是中国人口较少的一个山地民族。"仫佬"一词在民族语言中，就是"母亲"的意思。仫佬族人民绝大多数居住在广西罗城仫佬族自治县。

毛南族

　　毛南族也是中国人口较少的山地民族之一。毛南族自称"阿难"，意思是"这个地方的人"。虽然毛南族人口较少，但他们却以悠久的历史和独特的文化闻名于世。

端午节

端午节的国际影响

鼓手

农历五月初五是中国传统的端午节，它不仅在中国作为传统节日广为流传，而且风靡东南亚国家。

不仅在韩国、朝鲜、日本等邻国有过端午节的传统，而且新加坡在端午节这天会举行全国龙舟大赛。越南也是在农历五月初五过端午节，他们过节的主要内容是吃粽子、端午驱虫。越南人认为，吃粽子可以求得风调雨顺，五谷丰登。

近年来，越来越多的人被中华文化的魅力征服，一些西方国家虽然不过端午节，但赛龙舟这项充满趣味的运动在很多国家非常流行！

端午节的国际影响

从1979年开始，美国在波士顿儿童博物馆举行一年一度的波士顿龙舟会，并逐步形成了美国传统的文化节日。在2004年中国农历端午节前夕，别开生面的比赛——端午龙舟大赛在俄罗斯拉开战幕，这是俄罗斯有史以来第一届龙舟大赛。端午赛龙舟，在德国已经有整整20年的时间。1989年，龙舟活动传入德国，并在汉堡举行首届"龙舟节"。1991年后，龙舟比赛改在德国金融中心法兰克福举行，并一直延续至今。

越南

越南全称越南社会主义共和国，位于中南半岛东部，北与中国接壤，西与老挝、柬埔寨交界，东面和南面临南海。越南的野生动物种类丰富，素有"鱼米之乡"的美称。

波士顿

波士顿是美国马萨诸塞州的首府，也是新英格兰地区的最大城市。该市位于美国东北部大西洋沿岸，创建于1630年，是美国最古老、最有文化价值的城市之一。

汉堡

汉堡是德国三大州级市之一，也是德国最重要的海港、最大的外贸中心和德国第二金融中心，是德国北部的经济和文化大都市。

端午节

朝鲜和韩国的端午节

  韩国、朝鲜原本都属于统一的朝鲜王国。除了社会政治、经济制度不同之外，韩国和朝鲜的语言和文化习俗是一样的。

  朝鲜王国时代全面学习中国文化，端午节自然也在引进之列。《东国岁时记》记载：端午日，男女儿童要化妆——"端午妆"，就是用菖蒲水洗脸，涂上胭脂，削菖蒲根做簪子，"遍插头髻以辟瘟"。同时又把端午称为"女儿节"，因为这一天出嫁的女儿要回娘家。在朝鲜，妇女用菖蒲煮水洗头，然后用菖蒲根簪头发。据说这一天采来的艾蒿晾干制药非常有效，所以人们都去采艾蒿。有人用艾蒿做艾饼来食用。韩国和朝鲜端午节的节日时间、名称，以菖蒲、艾蒿作为主要辟邪药物，妇女归宁，采

朝鲜族摔跤

药、制药等方面，都与中国端午节习俗一致。

不过，韩国人也有自己独特的创造。有些地区，妇女玩"荡秋千"的游戏，男子则热衷于角力。时至今日，韩国江陵地区还保持着完整、盛大的"端午祭"活动。

朝鲜王国

朝鲜王国是以朝鲜族为主体，统一朝鲜半岛的封建社会君主制国家。第二次世界大战以后，分裂为南部的韩国和北部的朝鲜。

荡秋千

荡秋千是中国古代北方少数民族创造的一种运动。荡秋千是朝鲜族妇女喜爱的民间游戏，每逢节日聚会，人们便会看到成群结队的朝鲜族妇女聚集在秋千架旁。

角力

角力就是摔跤，是人们用自身的力量而不借用任何工具去征服自然界的一项活动。从某种意义上说，这是人类最原始、最早的一项体育活动。

端午节

日本的端午节

日本平安时代的贵族阶层首先引进了中国的端午节。后来，这个节日传入民间。江户时代，端午节的各项要素已经普遍存在于日本民间生活之中。

日本主要的端午习俗包括：吃粽子和柏叶饼。有些地区把菖蒲和艾蒿插在屋檐上，或放在房顶上。有些地区喝菖蒲酒，用菖蒲水沐浴。这些都与中国端午节习俗基本一致。鹿儿岛在五月五日的时候，母亲背着不到一岁的小女孩出门，在外边跳一种名叫"幼女祭"的圆圈舞，类似于中国南北方普遍存在的带孩子回娘家"躲端午"的习俗。日本冲绳有端午竞渡习俗，称为"哈利"，而在长崎则把竞渡称为"爬龙"。

日本端午节的独特之处是挂鲤鱼旗、摆武士偶人。每到端午节，有男孩子的家庭要挂出鲤鱼形状的旗子，有几个男孩挂几条。从鲤鱼旗的数量可以知道此户人家有多少个男孩子。家里还要摆出相应数量的武士偶人，一是希望孩子未来能成为武士，二是认为武士偶人可以用来转移污秽和灾难。

平安时代

平安时代是日本古代的最后一个历史时代，是日本天皇政府的顶点，也是日本古代文学发展的顶峰。同时，佛教得到发展，且发展了日本独特的国风文化。

日本的端午节

鲤鱼旗

江户时代

　　江户时代是德川幕府统治日本的年代。江户时代是日本封建统治的最后一个时代。此后由明治天皇政府开始了日本的新时代。

鲤鱼旗

　　在日本，三月三日是女儿节，五月五日就是男孩子的节日，家有男孩的，家家挂鲤鱼旗。此风俗始于江户时代，原是农历端午节的风俗，以祈祷家中男孩早日成材。

端午节

端午节保护

民间龙舟赛

  端午节迄今已有2500多年的历史，是老祖宗的智慧和文化的象征，是我们整个中华民族几千年中华文化的结晶。

  2009年5月，中国已启动端午节申报世界非物质文化遗产程序，该项目由湖北省代表中国向联合国递交申报表。2009年9月，中国端午节成功入选《世界人类非物质文化遗产代表作名录》。

  端午节由驱毒辟邪的节令习俗衍生出各地丰富多彩的祭祀、游艺、保健等民间活动，主要有祭祀屈原、纪念伍子胥、插艾蒿、挂菖蒲、吃粽子、龙舟竞渡等。各地活动略有不同，尤以湖北省秭归县更具典型性。将传统节日申请世界文化遗产，这样可保护中国的特色传统、延续中华文化，也是实现中华民族文化大

端午节保护

复兴的需要。

此外,节日文化也要从娃娃抓起。营造传统节日氛围,重建节日文化,政府、学术界、文化界和商家必须齐心努力,联合打造,将传统延续下去是最具生命力的保护。

世界非物质文化遗产

世界非物质文化遗产指被各群体、团体或有时为个人视为其文化遗产的各种实践、表演、表现形式、知识和技能及有关的工具、实物、工艺品和文化场所。

联合国

联合国是一个由主权国家组成的国际组织。1945年10月24日,在美国加州旧金山签定生效的《联合国宪章》标志着联合国正式成立。

中华文明

中华文明以诗、书、礼、乐、易、春秋为文明源泉,是世界上最古老的文明之一,也是世界上持续时间最长的文明,也被称为华夏文明。

图书在版编目（CIP）数据

端午节 / 李楠楠编著. -- 长春：吉林出版集团股份有限公司，2013.1
（中华优秀传统文化丛书）
ISBN 978-7-5534-1346-4

Ⅰ.①端… Ⅱ.①李… Ⅲ.①端午节-风俗习惯-中国 Ⅳ.①K892.18

中国版本图书馆CIP数据核字(2012)第316512号

端午节
DUANWUJIE

编　　著	李楠楠
策　　划	刘野
责任编辑	祖航　李娇
封面设计	隋超
开　　本	680mm×940mm　1/16
字　　数	42千字
印　　张	8
版　　次	2013年1月第1版
印　　次	2018年5月第3次印刷

出　　版	吉林出版集团股份有限公司
发　　行	吉林出版集团股份有限公司
地　　址	长春市人民大街4646号
	邮编：130021
电　　话	总编办：0431-85618719
	发行科：0431-85618720
邮　　箱	SXWH00110@163.com
印　　刷	山东海德彩色印刷有限公司

书　　号	ISBN 978-7-5534-1346-4
定　　价	25.80元

版权所有　翻印必究